愛知の大正・戦前昭和を歩く

Tsunetoshi Mizoguchi
溝口常俊［編著］

風媒社

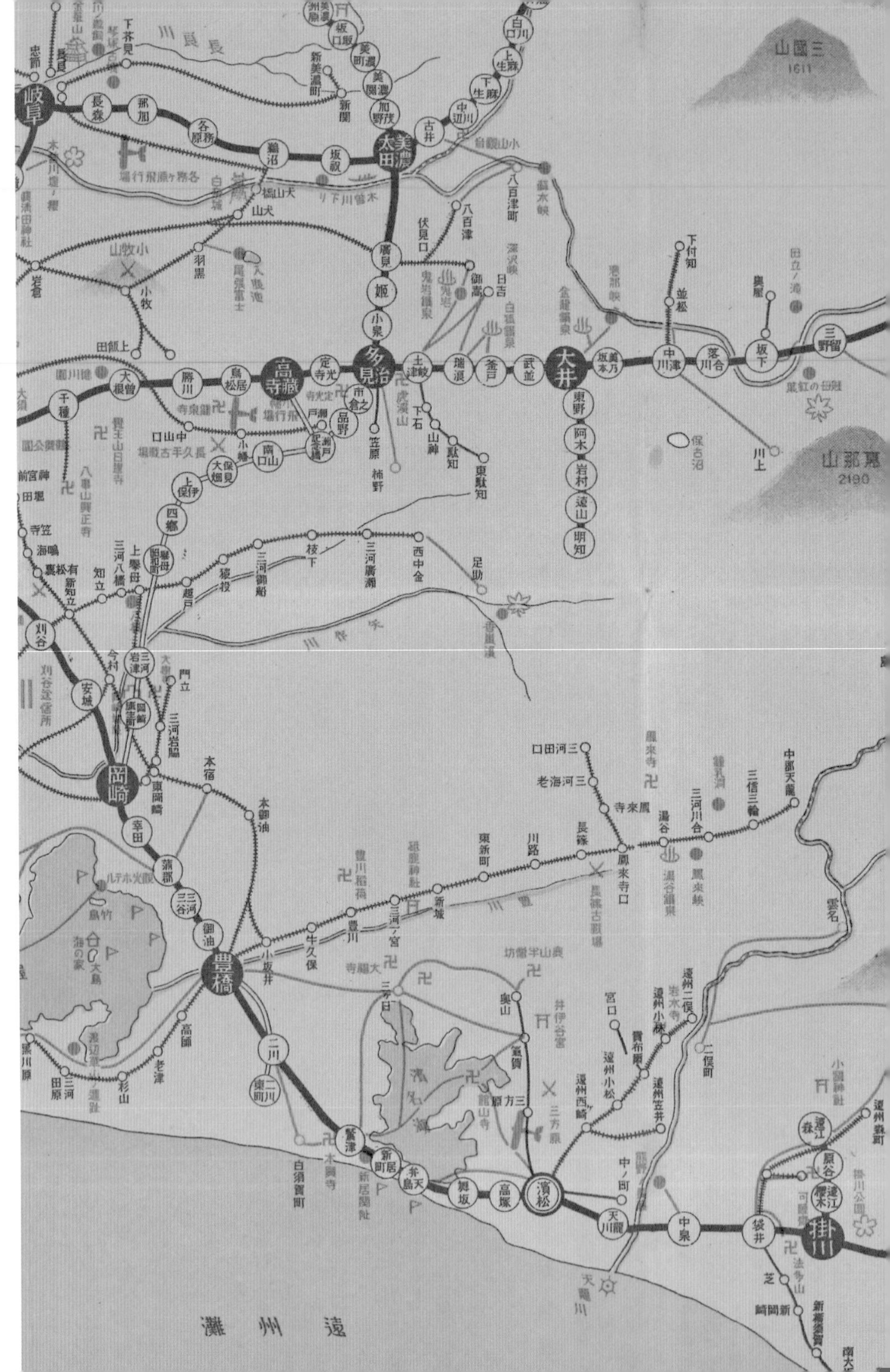

岐阜
長森
那加
各務原
鵜沼
坂祝
美濃太田
古井
中川辺
下麻生
上麻生
白川口
加茂野
美濃関
美濃町
新関
新美濃町
下芥見
長良川
三國山
1611
小山觀音
木曽川下り
各務ヶ原飛行場
犬山
犬山橋
羽黒
小牧
小牧山
岩倉
上飯田
廣見
伏見口
八百津
八百津町
御嵩
日吉
姫
小泉
多治見
高藏寺
定光寺
鳥居松
勝川
大曽根
千種
土岐津
瑞浪
釜戸
武並
大井
美乃坂本
中津川
落合川
坂下
三留野
下付知
並松
奥屋
恵那峡
東野
阿木
岩村
遠山
明知
恵那山
2190
保古沼
川上
下石
山神
駄知
東駄知
笠原
市之倉
品野
瀬戸
尾張瀬戸
南山口
大畑
保見
上伊保
四郷
上挙母
三河八橋
知立
新知立
有松裏
鳴海
笠寺
熱田神宮前
刈谷
安城
矢作川
三河御船
猿投
越戸
枝下
三河廣瀬
西中金
足助
香嵐溪
今村
三河岩津
門立
三河岩脇
岡崎
東岡崎
本宿
幸田
蒲郡
三河三谷
御油
本御油
豊橋
小坂井
牛久保
豊川
三河一宮
新城
東新町
川路
長篠
鳳来寺口
鳳来寺
三河海老
三河田口
湯谷
三河川合
三信三輪
中部天龍
長篠古戦場
豊川稲荷
砥鹿神社
二川
東二川
高師
老津
杉山
三河田原
黒川原
竹島
大島
三ヶ日
奥山
気賀
金指
三方原
浜名湖
鷲津
新居町
弁天島
舞坂
高塚
濱松
天龍川
中泉
袋井
掛川
遠江森
遠州森町
遠州二俣
二俣町
遠州小松
遠州西ヶ崎
遠州笠井
宮口
中ノ町
雲名
新居関址
白須賀町
芝
新堀
遠州灘

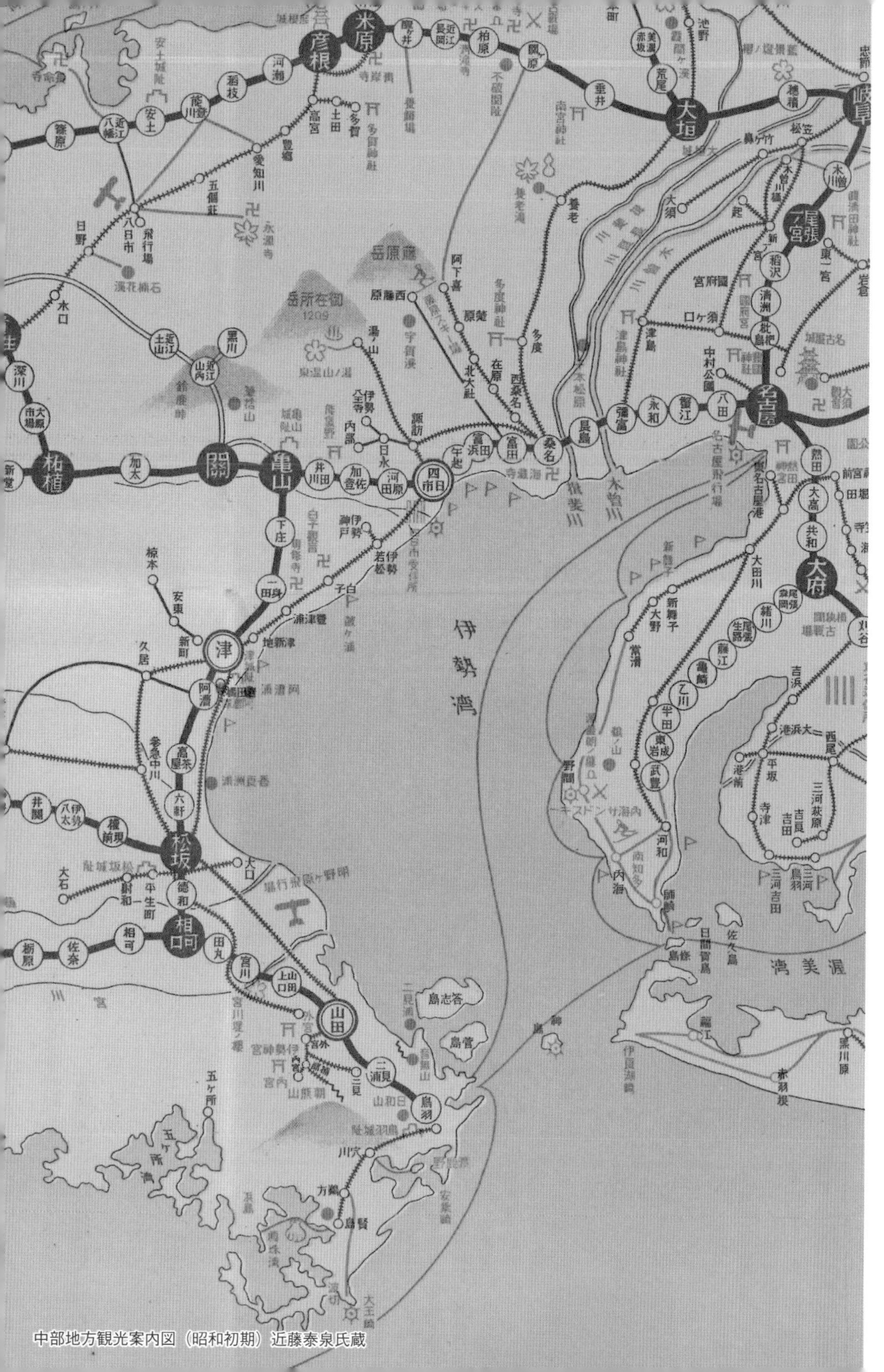

中部地方観光案内図（昭和初期）近藤泰泉氏蔵

はじめに

「大正・戦前昭和」とはどんな時代であったのであろうか。

2022年暮れになっても2年前に始まったコロナ禍がおさまる気配がない。自宅にこもる生活を続けていた際に、100年前の大正時代に流行って日本だけでも40万人を超える死者を出したスペイン風邪のことを思い出した。愛知・名古屋ではどんな惨状であったのかを知りたくて愛知県図書館に通い、当時の新聞(「新愛知」)を調べてみた。その結果は本書の第Ⅲ章で記した通りであるが、新聞を繰っていた際に「いよいよ実現する大名古屋」(1921年〔大正10〕4月14日)という見出しが目に留まり、大都市名古屋が大正時代に誕生したことを知った。

本書第Ⅰ章では、大都市名古屋誕生のいきさつが記され、都市内部の主要施設である公会堂、ホテル、百貨店など、さらに推理小説家、元祖コピーライターも登場し、大須の路次徘徊もできるし、電気の普及にも光があてられている。

中部日本観光鳥瞰図（1937 年）吉田初三郎

こうした都市の誕生の時代の遊興の風景を楽しませてくれるのが、第Ⅱ章である。遊園地、動物園、劇場という昼の世界だけではない。「夜のなごや」という雑誌があったとは！　中村遊郭は有名だが、稲永にも遊郭があったとは！

ところで、この時代に住民はいかなる生活をしていたのであろうか。第Ⅲ章では流行病、戦争にまつわる悲劇など暗い話が多く語られているが、当事者の身になって読んでいただければと思う。当時の新聞記事に目をやると、この時代、第一次世界大戦と第二次世界大戦の時代でもあり、一日とて軍事記事がない日はなかった。そして2022年、途絶えることのないロシア・ウクライナ情勢、それに北朝鮮のミサイル発射のニュースを聞き、負の大正・戦前昭和時代が到来したのか、と悲嘆している。

第Ⅳ章では、愛知県主要都市10市1町での当時の風景を楽しんでいただければと思う。

溝口常俊

愛知の大正・戦前昭和を歩く◉目次

Ⅱ　遊興地名古屋の風景……93

Ⅲ　生と死の生活史……133

Ⅳ　戦前愛知のすがた……159

I 大名古屋の誕生

「大名古屋」の誕生

文／真野素行

都市計画構想のゆくえ

「都市計画のまち」名古屋

　名古屋の都市づくりは、大正期～昭和戦前期に目覚ましく進展した。大正中期に都市計画法が制定されて、石川栄耀(ひであき)ら有能な専門官僚（都市計画の技師）が愛知県に派遣されてきたことも大きな要因であるが、単に国の政策に便乗して発展したというわけではない。自治体が地元経済界や地主と連携して積極的に推進した点が、名古屋の都市計画の大きな特徴となっている。

　その象徴的な出来事は、1921年（大正10）8月、名古屋市が「大名古屋」産業都市構想に基づいて周辺16カ町村（愛知郡千種町・東山村・御器所村・呼続町・笠寺町・中村・愛知町・八幡村・常磐村・荒子村・小碓村、西春日井郡六郷村・清水町・杉村・金城村・枇杷島町）を編入するという市域の大拡張を、東京や大阪など全国の大都市に先駆けて実施したことである。

名古屋の発展と都市計画の芽生え

　明治期の名古屋の歩みは政府の直接投資がおこなわれた地域と比べると遅かったが、それでも明治の末になると名古屋港が開港し、中央線も全通するなど名古屋付近の地域基盤整備が進んだ。名古屋市が巨額の市債を発行して積極的に施策を展開するようになったのはこの頃からである（図1）。

　当時の加藤重三郎市長は、愛知県の深野一三知事や名古屋商業会議所の奥田正香会頭と緊密に連携して、築港が進む熱田町の市域編入（1907年〔明治40〕）や、鶴舞公園を造成して第十回関西府県聯合共進会の開催（1910年）を実現した。これが起爆剤となり、市の周辺部で電気鉄道の計画が続出するなど郊外開発の機運が盛り上がった。市域外を含めた都市の将来像を策定すべく、有力な実業家で市会議員の上遠野富之助(かどのとみのすけ)（秋田県出身。奥田正香(まさか)の知遇を得て活躍。のち名古屋商工会議所会頭）によって市会に調査会の設置が建議された。

　これを受けて加藤市長の後を継いだ阪本釤之助(さんのすけ)市長が都市計画策定のための調査を開始し、1913年（大正2）に将来の名古屋市域の拡大を想定した街路や公園の計画「市区改正方案」が策定された。「方案」では周辺15カ町村を

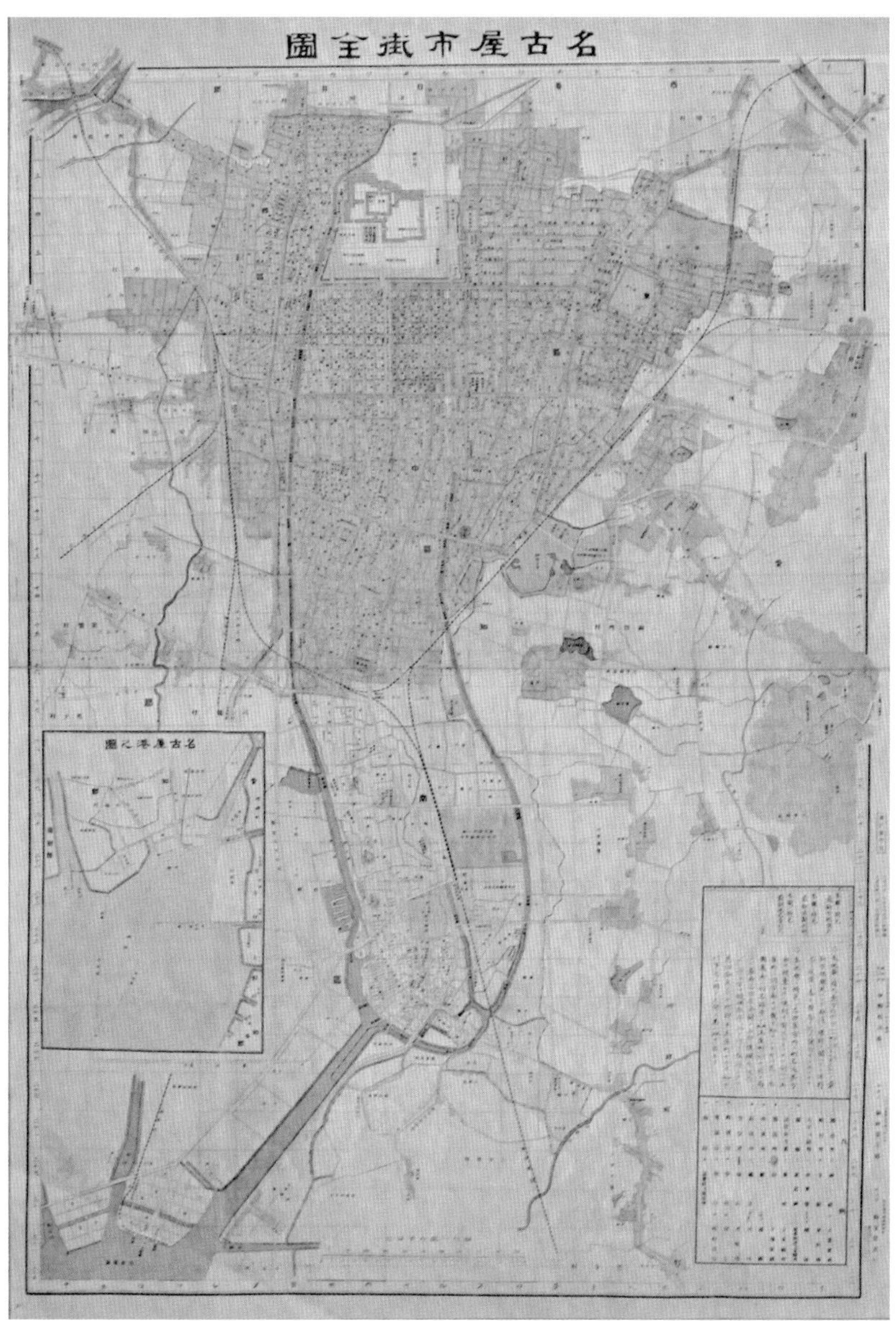

図１　名古屋市街全図（1916年）名古屋都市センター蔵

想定して道路・橋梁・運河・公園の位置と幅員等が示されており、のちの都市計画の原型となる。これは市域外を含めた施設計画を立案した点で全国的にみても先駆的な取り組みであったが、阪本市長が膨張した市財政の整理を優先したため実施に移されることはなかった。当時は政府も財政整理方針を採っており、更なる市債発行の認可を得るのは難しい状況であった。

先行的市域拡張による「大名古屋」産業都市構想

市外を含めた都市計画が将来の市政課題から喫緊の課題に変わるのは、阪本市長が退任して19

図２　佐藤孝三郎
（『名古屋市会史』第一巻、口絵）

１７年（大正６）に佐藤孝三郎が就任してからである。佐藤は福岡県出身。東京専門学校（現 早稲田大学）を出て内務省に入省、各県の内務部長を歴任し、福井県知事を務めたのち退官して名古屋市長となった（のち函館市長）（図２）。

新市長の佐藤に対して、当時市の土木課長であった岡崎早太郎は、自身が温めてきた腹案（『名古屋市の研究』と題して刊行。巻頭には佐藤市長による「大名古屋」の揮毫を得た）を提出して、市域の大拡張を実施するよう訴えた。岡崎は広島県出身。東京市に就職ののち横浜市に移って土木課長として活躍し、阪本市長時代に名古屋に招かれた都市行政の実務家であった。のちに都市計画の漏洩疑惑に巻き込まれて名古屋を去るが、大阪市（都市計画部総務課長）に移籍して「大大阪」（１９２５年の市域の大拡張）を担当することになる人物でもある。

岡崎の提案は、都市基盤の管理権を市へ統一することや、都市に不可欠な事業を市営化することなど多岐にわたっているが、その主眼とするのは先行的な市域拡張による名古屋の産業都市化である（図３）。名古屋の産業都市化には近代運河を備えた商工業地域の整備が不可欠で、中川が流れる市の西部郊外がその適地であるが、現在の市外のままでは原則として市の管轄が及ばないため、まず関係町村を一括して市域に編入したのちに市の管轄下で運河の開削や道路の整備を進めて効率的に市街地（商工業用地）を建設すべきであり、市街地化が進むまで編入を先延ば

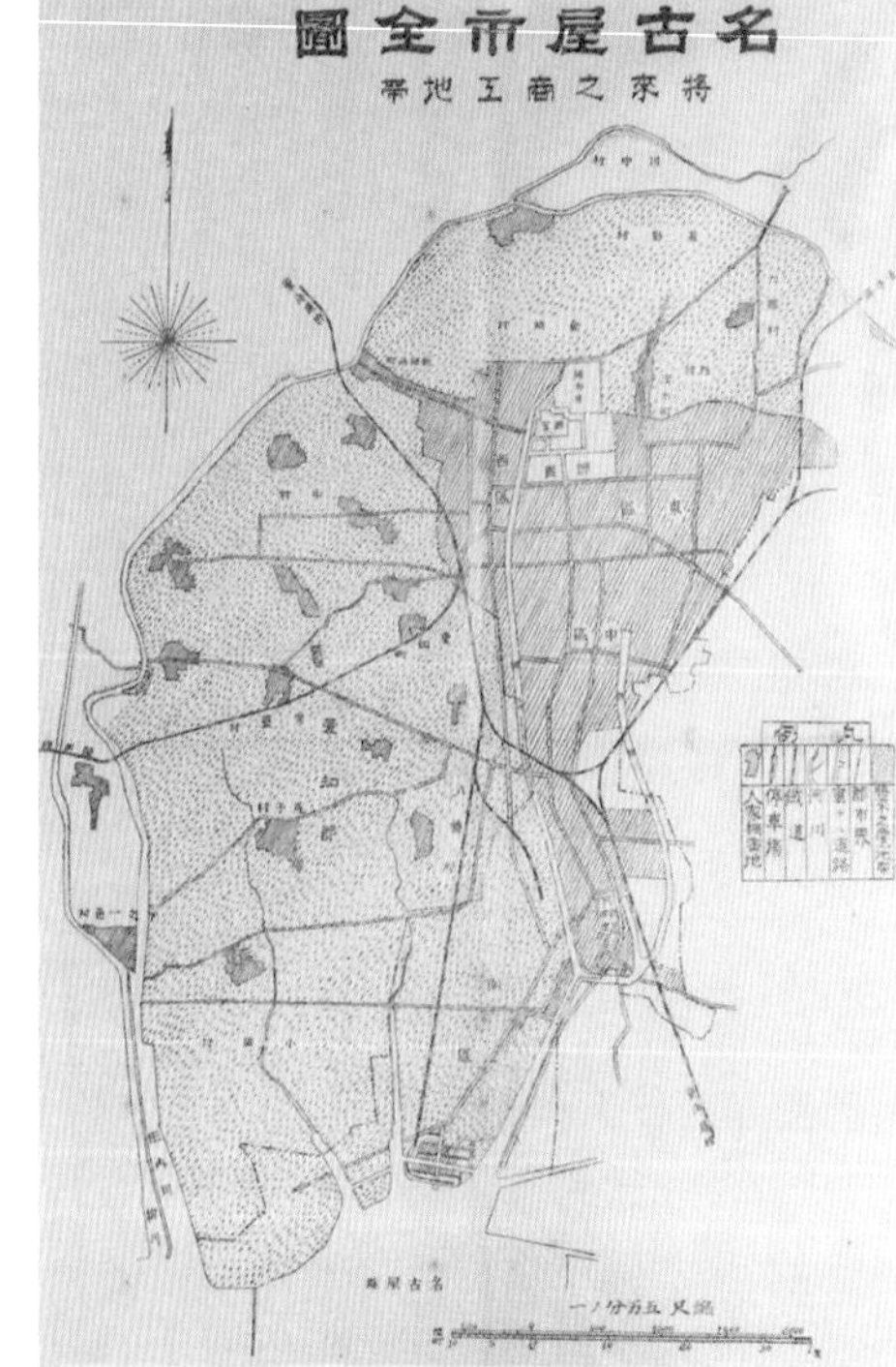

図３　将来乃商工地帯（岡崎早太郎『大名古屋の研究』1917 年所収）

しにするのではなく、「最大急進主義」での実施を主張した。

なお、中川の運河化については、かねてから地元や名古屋商業会議所等で検討され要請されてきた経緯があり、当時愛知県でも耕地整理法を利用した、名古屋港から名古屋城の北（金城村）に至る、中川及び上流の笈瀬川を含めた大規模な運河化構想があったが、県知事の交代で頓挫していた。その後、県は名古屋港の拡張計画にあわせて中川運河の計画図を作成したが、財政上の都合で実施を断念するに至り、代わって名古屋市が事業化に乗り出すことになる。

岡崎の構想は、大都市でスプロール（市街地の乱雑な拡大）が問題化し、政府でも都市計画法の制定を目指す動きが存在しながらも模索状態であった当時において、都市行政の現場から郊外地の統制の重要性・緊急性を訴え、現行の法制度下で可能な商工業地域の整備計画を提示した点で、意欲的なものであった。その反面、既成市街地の改良については注目すべき提案はみられない。

「大名古屋」に向けた佐藤市長の取り組み

佐藤孝三郎市長はこの先行的市域拡張による産業都市化構想を採用し、「大名古屋の建設」をスローガンに取り組みを開始した。

まず佐藤は、当時存在した東京市区改正条例を名古屋市にも準じて適用するよう政府に働きかけ、1918年（大正7）に指定を得た。同条例に基づき市内の幹線道路や広場の新設拡築が決定され、名古屋の都市計画が本格的にスタートした（1920年の都市計画法の施行後は都市計画法の事業として実施）。

次いで佐藤市長は周辺20カ町村を対象に編入計画を策定し、1920年（大正9）8月から、まず15カ町村と交渉を開始したが、このときは被編入町村側から都市計画区域が未決定であることなどを理由に、編入は時期尚早とする反対決議がなされたため延期となった。憲政会系の色彩の強い佐藤市長主導の編入に対して、立憲政友会系の町村長や議員の間で拒否反応が強かったためともいわれる。

また佐藤市長は、都市計画で街路を整備する際に密接な関係がある市街電車の市営化を検討し、市会に市営を求める意見書が提出されたのを機に、名古屋電気鉄道株式会社に対して市内線の譲渡交渉を開始した。その後、両者の間で仮契約が纏まったが、買収価格が不当に高いとして市会で反対が出るなどしてここでも紆余曲折があった。のち1922年に至って川崎卓吉市長の下で懸案の市営化

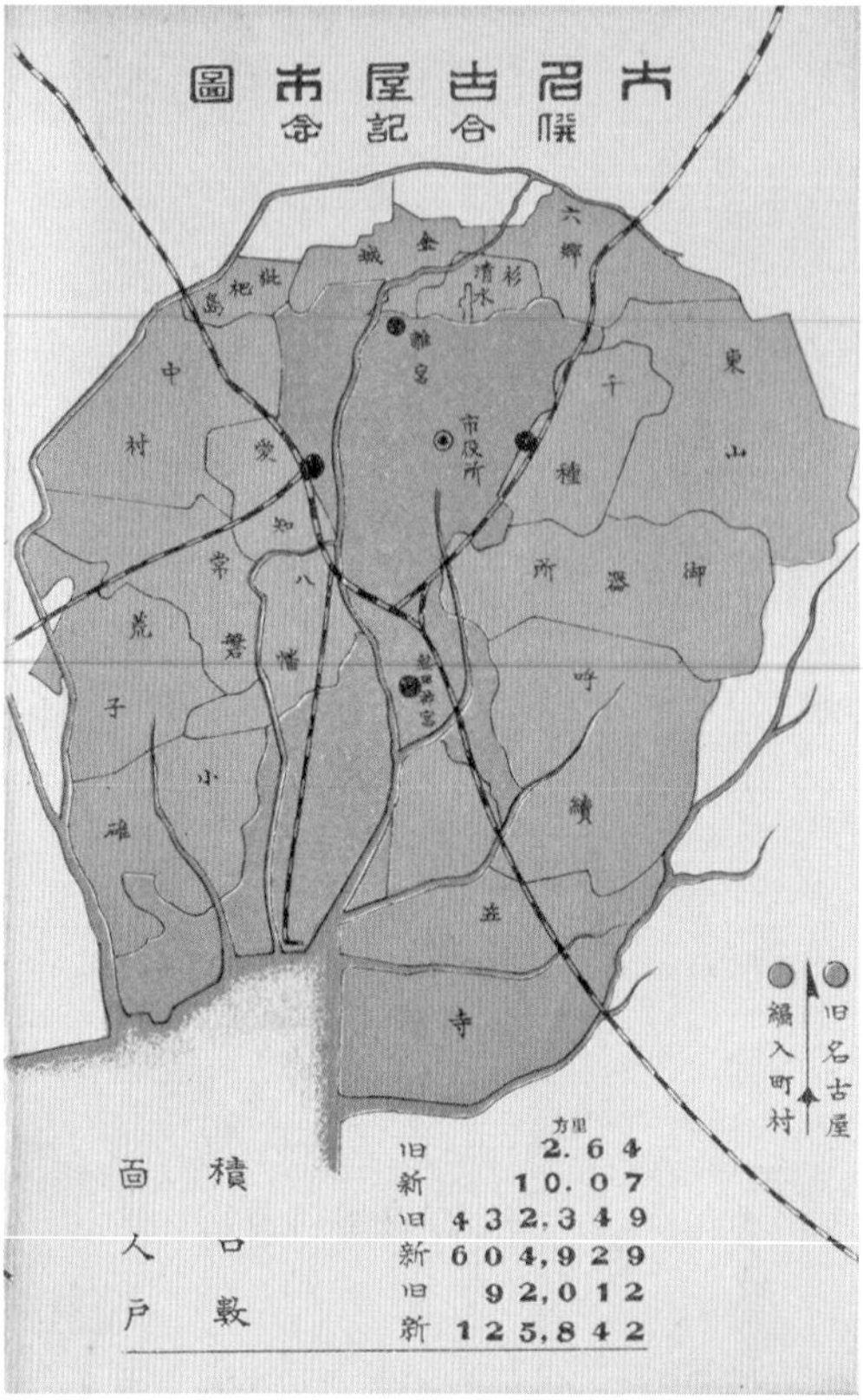

図4　併合記念 名古屋市全図（1921年）
名古屋市博物館蔵

が実現し、名古屋の市電が誕生した。

「大名古屋」の誕生とその後

佐藤孝三郎市政で本格化した名古屋の都市計画の取り組みであったが、市会で政党対立が激化し（立憲政友会系の議員たちが佐藤の再任を阻止）、佐藤市長は志半ばにして任期満了により退任となった。その後、都市計画区域の原案発表を経て、1921年（大正10）8月に佐藤の後任の大喜多寅之助市長のもとで、都市計画区域内にある全21町村の編入を目指して交渉が再開された。

名古屋市の編入申請に対して、内務省地方局では反対意見も強かった。その理由は、市域拡張の規模が大きいこともあったが、現時点では市街地化していない農村まで含まれており、都市計画法の趣旨（市域の内外を問わず市街地の統制や都市計画の策定を目指す）に反するものとみなされたからである。しかし、西郊の小碓村・常磐村・荒子村には中川運河計画があり、市の事業で実施する以外には実現が不可能であるとして町村側の強い希望があることなどを理由に、特別に許可となった。結局、不許可は北部を中心に5町村（萩野村、庄内村、川中村、下之一色町、天白村の一部）にとどまり、16カ町村の編入が実施された（図4）。

こうして中川運河を軸とする「大名古屋」産業都市構想の存在が、内務省に異例の市域大拡張を認めさせ、従来の4倍の市域を有する「大（グレーター）名古屋」が誕生することになった。新たに市域となった地域では、地主に対して土地区画整理組合の結成が奨励されるなど、市街地の造成に拍車がかけられた。

また、都市計画法に基づく都市計画（街路や運河、土地利用の計画）が策定・認可され、これに基づいて都市計画事業が実施に

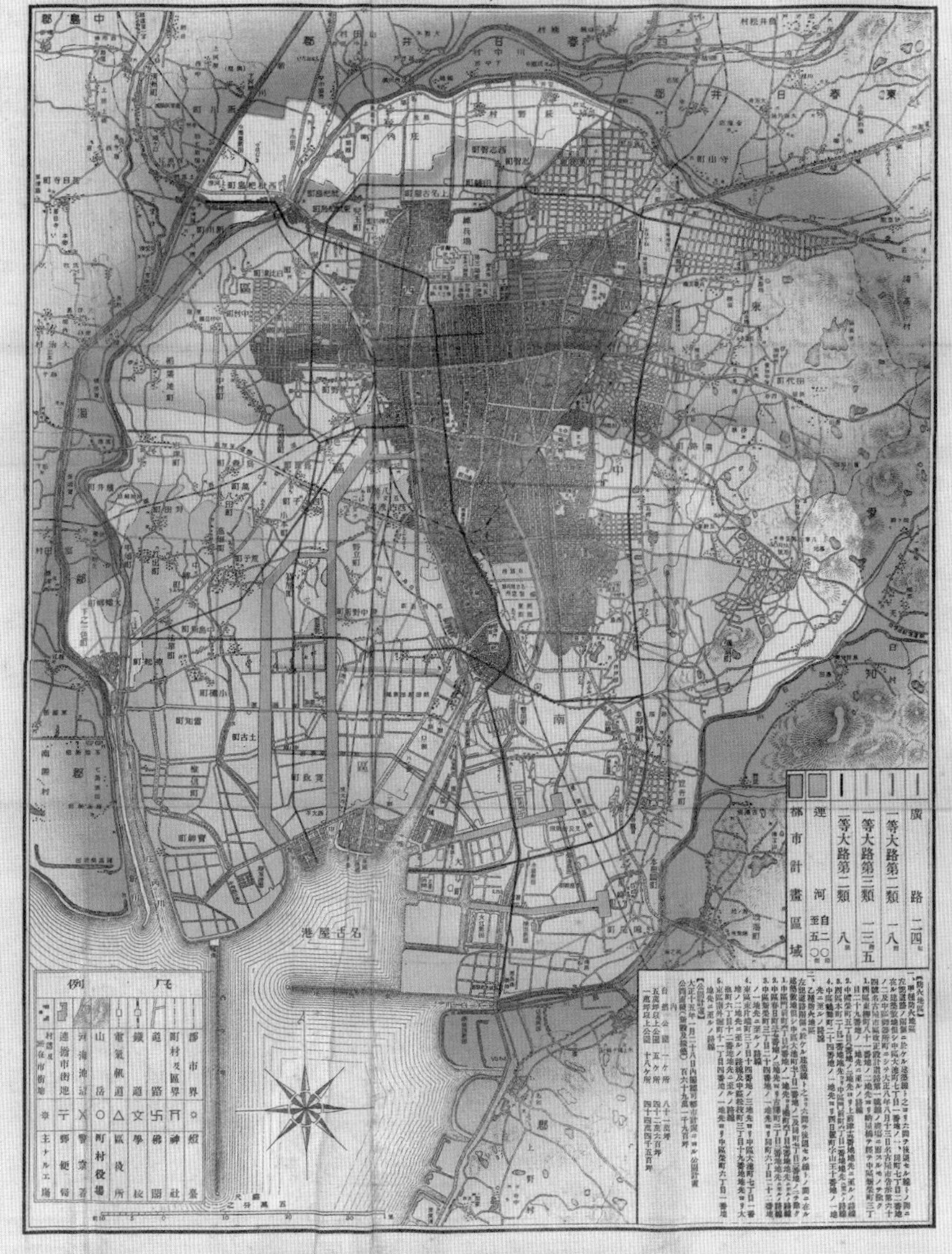

図5　名古屋市全図　附都市計画道路網及運河網（大正期）　高橋敬子氏蔵

移されていった（図5）。市の西郊一帯では、街路・運河網計画の内閣認可を受けて中川運河が市の都市計画事業として着工となり、1930年（昭和5）に竣工した。運河沿いは市によって工業用地に整備され売却された。こうして実現した中川運河によって名古屋港と市中心部の間の水運能力が強化され、戦後の高度成長期まで名古屋の経済発展を支えることになる。

大須路次徘徊

文／青木公彦

昭和5年の大須レポート

『とに角、大須の顔は明るくて華やかである。大須は開放的だ。そして大衆向きだ。通路は四方八方から大須の境内へ集中されている。その一本々々には、又それぞれに複雑な小路を持っている。大須のよさ面白さは、実にこの通路や小路から醗酵する雰囲気の良さであり、またその魅惑のしからしむ所である。』

　愛知県庁都市計画課に事務局を置く都市創作会発行の都市計画研究誌「都市創作」の1930年（昭和5）1・2月号に、こんな書き出しで始まる、叡智英夫氏の筆になる「路次から見た大須の顔」賛歌が載っている。描かれた時代は昭和恐慌のまさに前夜、一方、名古屋は市街地を東へ西へと急拡大させつつあるときだった。

　さて、氏の文章を借りて当時の大須観音周辺を歩いてみよう。

市電「大須」で下車

『「大須、大須」と呼びながら門前町で電車が停まるのはいい。降りてから「今日はどの道を通ってやろうかな」とちょっと躊躇するときの気持ちは妙に楽しくうきうきとしていいものだ。』

岩井町線は1919年（大正8）五大幹線第1号岩井線として決定し幅約32mに拡幅整備され、1923年末には市電も鶴舞公園から門前町を過ぎ水主町まで開通していた。電車を降りて門前町通を北へ向かう。図1㋐の辺りだ（図2）。

『本町から明治銀行支店の横を西へ曲ると、真正面に七ツ寺が見える。あの角の所は家の横手で夜は少し小暗いので立小便をよくやるところである。ひょいと上を見ると「ルル」の広告灯が出ている…その広告灯は透しぼりの行灯式で「洋酒と喫茶ルゝ」と打ち抜いてある。成程、ルゝも古い店になった。名古屋での暗い気分本位の喫茶店の草分け。その美貌と築地仕込（注・築地小劇場？）の美声と

赤門通
大津通
三輪町電停
総見寺
裏門前通
万松寺通
東仁王門通
岩井町線
上前津
上前津電停
市電

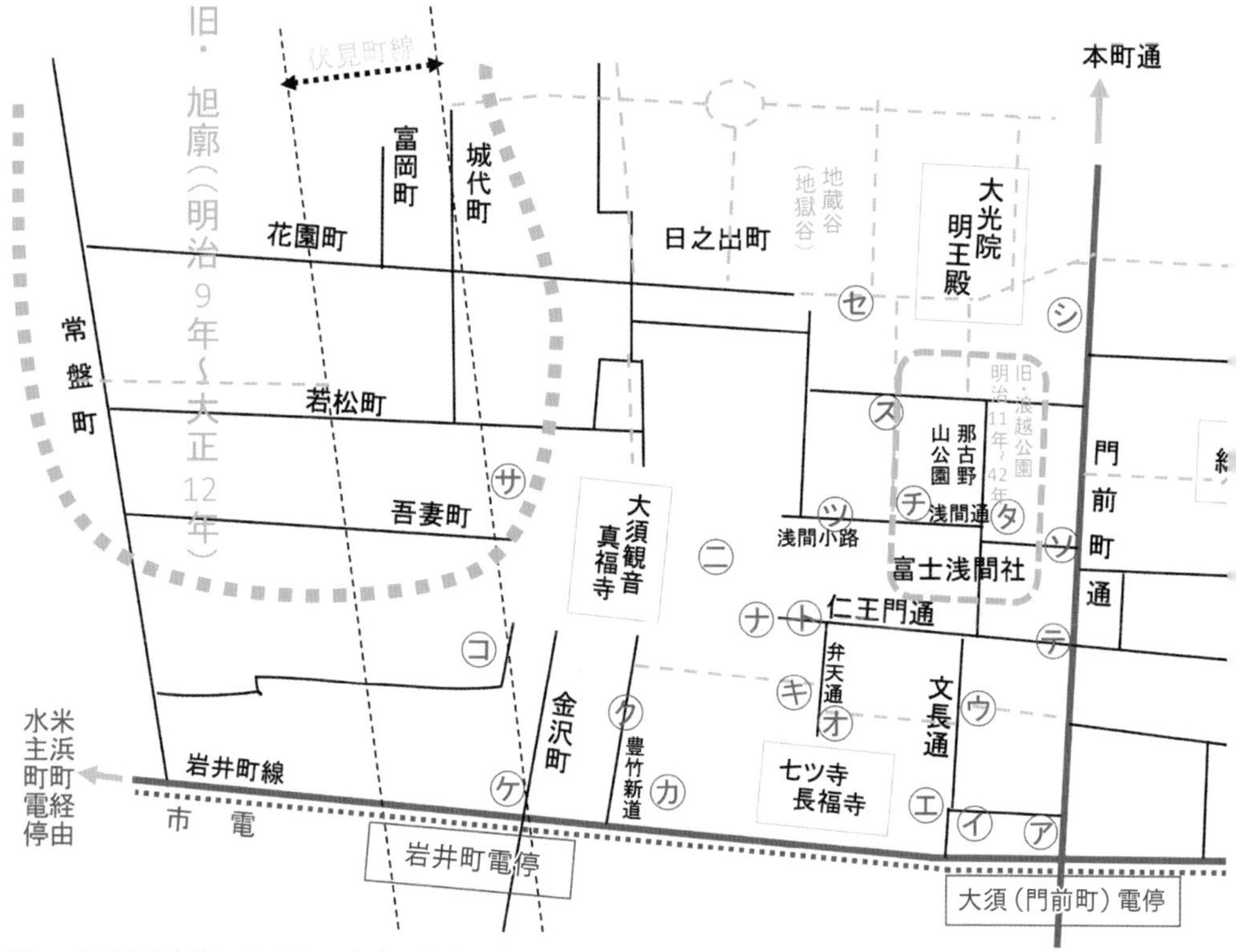

図１　大須路地裏徘徊地図（昭和初年の大須略図）

破線（-----）は下記の区画整理事業で後に追加された道路。既設道路もその際に区画整理で拡幅等された。当地区では、1930年（昭和5）以降以下3区画整理事業が実施され、うち2組合は戦後まで引き続き、戦災復興区画整理事業に編入された。

・三輪町線区画整理組合（赤門通築造のための門前町以西の地区、約1ha、昭和7年12月〜同11年9月）、
・大須同（門前町から西、岩井町線の北、日之出町、花園町あたりまでの地区、約19ha、昭和10年9月〜）、
・大須仁王門通同（岩井町線の北、門前町より東、東仁王門通り周辺の地区、約6ha、昭和13年9月〜）

図２　大須電停前　門前町の賑わい（昭和10年代）
左側は住友銀行門前町支店（その後方に明治銀行はあった）、右に美濃喜、大谷屋呉服店が見える（「大須小唄」から、大門屋蔵）

表情、ロマンチックな温気で魅惑していたクインの時子さんも、このころでは名毎（注・名古屋毎日新聞のことか？）の風聞録子も話題にしなくなって了った。すぐ隣は白馬という料理屋だった。この白馬も喫茶部を設けていて雨の日曜日など、此処で蓄音機を弄った

創立聖武天皇天平七年、行基菩薩の開創にして慶長十五年清洲城が名古屋に移ると共に現今の地に移す徳川家代々御祈願寺たり
本堂特別保護建造物、本尊其他國寶が澤山ある
七ツ寺附近
(名古屋名所)

図3　大須電停付近から見た七ツ寺　伊藤正博氏蔵
写真右手から三尾産婦人科、七ツ寺三重塔、本堂屋根、歌舞伎座瓦屋根が見える（大正末～昭和初年）

りして時間を過ごす心地はよかった。…今は白馬の勇姿も消えて「メンソレタム本部」と書いた金文字の看板、うるほひの失せた事ではある。』

続いて㋑へ歩く。『七ツ寺の門先から大須の仁王門通へ出る路地、あの東角は米屋と云う宿屋、西角は富田屋と呼ぶ一膳飯屋、共に昔乍らの連子格子のはまった家。米屋の細い格子の目から、時々帳場で粋な女が化粧している姿が見えて艶めかしい。』

次は㋒へ。『文長座の前迄行くと、舞台での声色や囃しなど筒抜けに聞えてきて思わず立ち止る。文長座を取巻いた四隣は、流石に食傷小路の名に相応しい飲食店の多い事、にこみうどん屋、十銭均一の洋食屋、日本料理を売る店、十銭の天丼で客足を狙っている仕度屋もある。』

『食傷小路の中で、今はその存在すらも忘れられている源氏節の家元、岡本美家吉が落ち付いた格子戸の構えに昔変わらぬ家札を掲げているのは懐かしい気がする。』

㋓『七ツ寺は寺の名号が変っているように寺の形も不揃いのように思われる。立派に扉の付いた門はあるが、閉めずの門である。門を潜って境内に入ると左手に三重の塔（図3）、右手に鐘楼があって正面が本堂、本堂の左に太子堂、右には通称お歯佛様と云う大聖歓喜天の御堂、その北には弁財天が在しますし、その前には豊川稲荷さんも出張してござる。本堂は不格好に思われる代物だ。それに引替え三重の塔は実に整った美しさを見せている。瓦の青錆びた色と云い屋根の反りと云い、古代美を誇り顔である。上前津や公園（注・旧浪越公園？）の方から見ても棄て難い景趣を成している。…その根元へ行ってみればいやに小汚い掛小屋に四方から囲まれて幻滅の感。露店は花屋が二三軒、あとは飲食店である。中には怪しい家もある様子。…本堂の左前、岩井町線から入った所に雨ざらしの大きな金佛が鎮座まします。聞いてみたら大日如来様だそうな。この美しい如来様も肩から膝にかけて所々に怪我をしておいでる。…背中一面膏薬だらけ…が、流石は仏陀、憎い程取澄ましたお涼しいお顔—。』

㋔『七ツ寺の裏、電車道から仁王門前へ出る路地は南半分は片側が諸堂の裏手、片側は広い墓場。北半分は料理屋や近代的なバアや寄席で陽気で賑わしい事。

㋕墓場の西手は歌舞伎座である、毎日毎夜囃しや台詞が聞こえ地下の諸霊もさぞ賑やかに暮らしている事だろう。㋖墓地の北は善光寺、すぐ北隣がバアタイガー、陽気なジャズ気分が溢れ出ている。あの大きなハートを二つ並べたドアを押せば、中は歓楽の巷』

㋗『もう一筋西の通りは、又何と小じんまり整った軒並の家ばかり揃っている事よ。その以前に睦連の置屋があった所か成程、御神灯は失せても艶めきは今に絶えず、どこからとなく糸の音が聞こえてくる。…この通りも大須の横腹へ出るあたりは、名代のババ天ありマキノ支社あり、すっかり盛り場の色彩を見せている。』

市電「岩井町」で下車

㋘『岩井町で電車を降りると金沢町通り、もう大須の堂の側面が見えている（注・今の本堂は1970年移転改築、前は金沢町突当り辺に東面していた）。あの通りは万松寺通りに次ぐ賑やかな小売店街となって近頃は一層繁栄しているようだ。

ぐるっと回って大須の堂の裏手は片や宝生座㋙、片や宝座㋚。その中を連鎖する「ちょいと一杯やりゃあす」の店。間の抜けた顔してぶら付こうものなら黄色い声と色気たっぷりな目が降り注ぐ。

宝座のあの楽隊と囃しと木戸番の声を聞けば、二十銭投げ出して三十分位の立見はする気になるだろう。漫才、奇術、安来節、中でも一番気に入るのは、陽気に踊る娘たちのペチャコ踊りである。大須の観音様も、美女何千の遊郭を背負ってござった頃を思えばさぞお淋しかろうが、まだ随分とお気強くあらせられます事であろう』

大光院あたりへ

舞台は北へ移り、特に下の病の霊験あらたかで有名な大光院辺り。なお、赤門通は1932年（昭和7）から5年間で完工した三輪町線区画整理組合により東西に貫通したので、このころはまだ整備されていない。

㋛『月の28日の晩は恐ろしい程の人が出る。明王殿を中心にして万松寺辺から本町通り大須へかけての人の波は凄まじいものである。沿道には婆さん、娘連の俄か商人が夥しい数でお線香を売りに出ている。朱塗りの山門を潜ると、左手に明王殿、その前の広場に大きな金炉があって、そのお線香がこゝで焚かれるのだ。

日中にきて見ると一風変った寺構えだ。明王殿大光院と書いた夥しい献灯を伝って大雄閣と云う額の上っている朱塗りの山門を見る。境内に入ればがっしりした棟長の本堂と庫裡、それに一棟の僧堂。天狗杉とでも名付けたいような杉の古木が一本立っている。』

㋜『あの堂の横手から裏手へ廻って、一方が墓地一方が楽天地の裏塀になっている細い曲った露路、味気ない小路だが、京山愛子（注・赤穂義士ものを得意とした浪花節語り）の経営する愛楽園がある。』

㋝『大光院を西へ突き抜けると少し曲って日之出町の方へ出る。その辺りは叉小路が小路を生むでその何れの小路にも宿屋がぎっしり並んでいる。何れ芸人だの香具師だのの定宿なのであろう。（注・当時巷間地獄谷と呼ばれていた）』

㋞『万松寺通りが本町通をクロスして大須公園（注・旧浪越公園・現那古野山公園のこと）へ入る所。あそこには今を盛りの若櫻が三四本あって、港神社の境内の桜と共に、芝居の書き割のような華やかさ。今でも太陽館㋟と楽天地と港座㋠との間に、成程公園だなと思わせられるような樹木の生い茂った築山がある。㋡大須公園から大須の境内に出る通路は迚も人込みのする場所だ。八千久、泉竹、宮田楼などの飲食店が多い。これ等の中に一軒、元禄屋とかいう老舗の袋物屋がある…』

仁王門通を本町通正面から

㋢『角の桔梗屋が格子作りの古風な店構えで「平一角一」と叫んでいるのを聞けば、盛りのいい掛うどんの一つも食う気になろう。一方若い者の世界では、左手の大門屋で先ず若い女がつかまり、右手の柏桂ではモボ君の足がすくむ。若しそこを無事通り抜ける程の無粋者なら「やっこ」で捕まる。大須通ればやっこが招くのだ。中京亭やライオンの安洋食も値打ちだが、泉竹食堂や瓢駒などの軽便和料理も中々勉強している。餅屋が二件昔乍らの店構えで繁盛している。』

㋣『仁王門通の雑踏を正面に、電気食堂の二階から見下ろすのはいい。仁王門横のやっこ喫茶店の二階から斜めに見るのも悪くない。

ことに雨の夜などコンクリートの路面が雨に濡れて反射するので、傘をさしている姿がたまらなく艶に見える。仁王門前の北角が大須名産青柳の羊羹、南角には朝鮮名産平壌甘栗「赤か青か。」。青柳の二階のやっこ喫茶部と向かい合った肉屋の尾川屋の二階。やっこから見れば尾川屋の座敷での銀杏返しや島田髷の艶めいた様が見えるし、尾川屋からはベランダ風出窓になったやっこが丸見えで、紫色の揃いの着物に白いエプロン姿の女給の気取った身ごなしや、乙に澄まし込んだ客が手に取るように見える。』

㋤『大須の仁王門は浅草のように大きくはないが、形が整っていて恰好がいゝ。格子戸の中力み返ってござる仁王像はかなり古い作らしい。（注・門は仁王門通りに正対し東向きだった。旧門以西の通りは昭和40年代に整備され、現仁王門は1984年10月に落慶した）』

さて境内へ入ると、

㋥『今では境内の露店がすっかり取払われてあっけらかんと淋しくなってしまっているが、つい半年程前迄は雑然と込み合った露店街があって、大須情調をいやが上にもそゝっていたものだ。あのずらりと軒を並べたおでん屋、牛鍋の一杯屋、看板娘が焼餅を売っているのや、床屋、徳川時代そのまゝな占い屋があったりした。それらの雑然としたバラックや露店や香具師たちの生活網の中に入ってこそ本当の大須の味、大須に慕い寄るものを包み抱えて離さなかったのだ。』

ここからまとめです。

『私は真面目に…現在の大須という盛り場を形成したその経路と必然さを考究し…組織的な研究をしようと出発した…それが何のまとまりもない漫談で終始した事は、あながち私だけの罪ではないことを申して置きたい。

大体において私が思うに大須全体が何のまとまりも持っていないのだ。何処から何処迄が大須であるかの見界さえ見極められないのである。私をわけもなくその第一歩からして踏み迷わせ、ほろ酔い気分にさせてしまった大須の魅力、大須の魔術に心から感服せずにはいられない。』

以上叡智英夫氏（本名不明）による昭和初年の大須レポートは、原文を大幅に短縮したが、一種の盛り場論であり、当時の都市計画家が街づくりにおいて盛り場の重要性に着目し研究していた証拠でもある。なお原文引用部は『　』で表し、漢字かなづかいおよび言い回しを一部改め（　）で筆者の注を加えた。

モダン都市名古屋の心臓と探偵小説

「小酒井不木と江戸川乱歩」特別展示余話

文／高木聖史

図1　名古屋市鶴舞中央図書館の展示

2021年1月、名古屋なんでも調査団による「名古屋ゆかりの文学者　小酒井不木と江戸川乱歩」の特別展示が名古屋市鶴舞中央図書館でおこなわれた（図1）。ここでは、このときに披露できなかった余話をご紹介したい。

小酒井不木と名古屋モダン

医学博士にして探偵小説の評論や翻訳を手がけ、そして江戸川乱歩にすすめられて探偵小説の創作もはじめた小酒井不木が名古屋に住んでいた頃、大正末期から昭和初期にかけてはモダンという言葉が大流行した。この時代は、第1回国勢調査がおこなわれた1920年（大正9）から1935年（昭和10）にかけて名古屋の人口増加率が全国一となった時代であり、名古屋が猛烈な勢いでモダン都市へと変貌を遂げた大躍進の時代でもある。

まずは、当時の名古屋の繁華街、心臓部の様子を1932年発行の『百萬・名古屋』（島洋之助編、名古屋文化協会）から引用しよう。

> そのブロウド・ウエイを、日本式に行けば廣小路。とりもなほさず名古屋の心臓である。
>
> 中部日本に於ける時代文化の中心、名古屋の脈搏は、この不斷に動く「赤い心臓」廣小路の呼吸から次第に高潮されてゆく。廣小路の夜が織り出す光りと色と音の交響樂は、すなはち、中部日本に於ける代表的時代レビユーである。
>
> 心臓の辨膜、榮町交叉点に立つて、眼を見張る。耳を澄ます。折からビルデングの壁に、歩道の鈴懸を包もうとしてゐる夕闇を、斷然蹴飛ばして、パツと一齊に輝く街燈、廣告看板――忽ちにして大不夜城が現出する。

先端的なものを積極的に取り入れようとするモダニズム（近代主義）と江戸川乱歩の登場により幕を開けた純国産の創作探偵小説は、互いに影響し合いながら同時進行的に展開していく。黎明期の探偵小説界を牽引した旗手のひとりであり、時代の寵児であった不木が名古屋に与えた影響はいかほどであっただろうか。広小路をモダン都市名古屋の《心臓》に見立てる言説もひょっとすると不木の影響

図2　右上角が日本銀行名古屋支店（『名古屋市史資料写真集』から）名古屋市鶴舞中央図書館蔵

の一つかもしれない。

　東京帝国大学・同大学院で生理学・血清学を学んだ不木は、その心臓に関する医科学的知識をいかし、日本SFの先駆的作品とも言われる「恋愛曲線」や「人工心臓」を1926年発表し、その2年後の随筆「名古屋スケッチ」では、不木は名古屋の心臓のかかえる都市問題（図2、栄町交叉点）を次のように指摘している。

> （前略）栄町と大津町との交叉点に立って、暫くの間、眼を四方に配るならば、モダーン名古屋の特徴がしみじみ感ぜられるであろう。
> 　東北隅に座を占めている赤煉瓦の建物は日本銀行名古屋支店で、この支店を動かすことが出来なかったため、大津町筋を真直にすることが出来ず、電車路線が歪んでいるところは、弁膜不全の心臓を見るようである。（中略）その時代遅れの建物にがん張られて、街の方を歪めたところなどは、どうもやっぱり名古屋式であるらしい。（中略）せっかくの都市の美観を犠牲にするとは、げにも残念至極なことではないか。

　モダンな科学的・合理的思考からすると、辰野金吾が手がけた明治時代の赤煉瓦の建物はすでに時代遅れの産物であったようだ。

不木と乱歩の交流

　不木の探偵小説の中には名古屋を舞台とするものが幾つかあるが、門前署刑事柏桂五郎（柏探偵）が登場する「大雷雨夜の殺人」にも、名古屋の心臓（もしくは腎臓）や肺臓についての記述がある。

　名古屋の大須公園は東京の浅

草公園に匹敵する。鶴舞公園を名古屋の肺臓と見るならば、大須公園は名古屋の心臓であらう。頑迷な道学者に言はしめたならば、或は腎臓に譬へるかも知れない。げにその昔、観音堂の裏には「腎」に縁のある遊廓があつた。けれども民衆に娯楽をあたへることは、やがて民衆を厚生せしめ、新しい力と勇気とを與へることであるから、之を人體の器官に譬ふれば正しく心臓に外ならぬ。

肺結核を患い病身だった不木は名古屋の肺臓の近くに居を構えていた。不木が名古屋人となったのは1923年（大正12）10月29日のことで、この月のはじめには鶴舞公園内に市立名古屋図書館（鶴舞中央図書館の前身）が開館している。

赤煉瓦を時代遅れだという不木だからか、自宅はコンクリート造の洋館で小さな窓の鉄格子には蔦がはっていた。この家へ行くには、市電鶴舞公園前で下車して、公園の中を貫き、動物園わきの倚門橋（いもん）を渡り、南へ5・6軒歩いて東へ曲る。それからだらだら坂を5・6丁上った北側、郡道に出る手前の2軒目（図3の八幡山の右側辺り）だった。

1925年1月、乱歩は不木に会うために小酒井邸を訪れた。ふたりの交流は、その2年前、乱歩が投稿した「二銭銅貨」の批評依頼が不木のもとに届いたことにはじまる。乱歩のデビュー作となるこの作品を見た不木は、「日本にもかうした作家があるかと、無限の喜びを感じ」（不木書簡）、近来の傑作だと絶賛したのだ。その賛辞の文章は「二銭銅貨」の発表と同時に雑誌『新青年』に掲載された。

小酒井邸へ行くのに幾十度もタクシーを使った乱歩だが、実は少年時代にもこの辺りまで歩いて来ている。というのも乱歩は2歳から17歳まで名古屋に住んでいて、当時、八幡山は小学校初年級の遠足の定番コースだったからだ。子どもの頃の味は忘れがたく、乱歩が名古屋の食べものでまっさきに思い出すのは、八幡山のまわりに並んだ屋台店の「豆腐とたにしの木の芽田楽」だった。

小説のなかの名古屋

さて、再び名古屋を舞台とする不木の探偵小説を見てみよう。

謎の死亡広告「疑問の黒枠」で模擬葬儀がおこなわれ、事件現場となる村井喜七郎の邸宅は八幡山の下にある。つまり事件は不木の自宅近隣で起こっているのだ。なお、弁膜不全の栄町の角、日本銀行支店前の安全地帯もほんのちょい役だが出てくる。

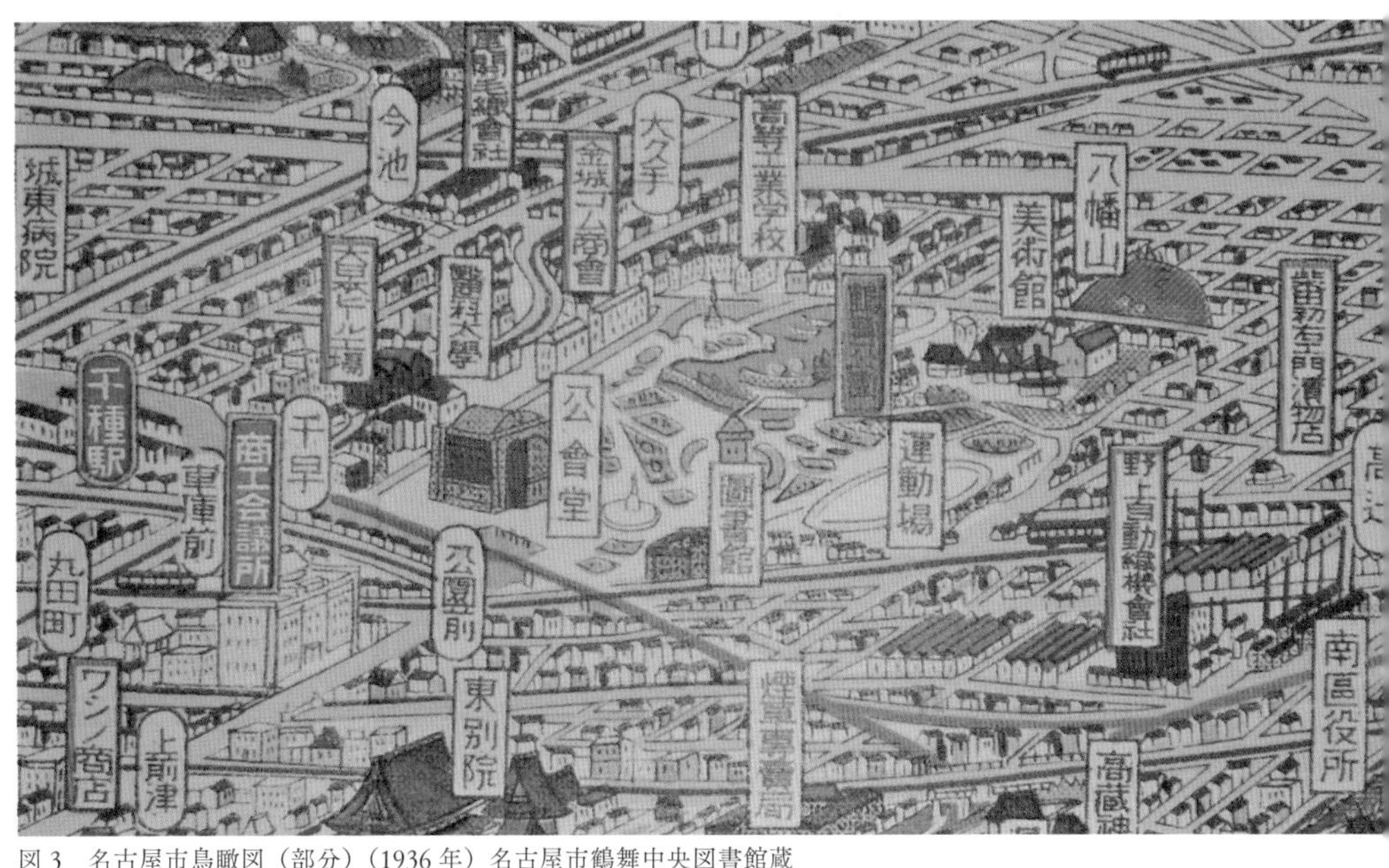

図3　名古屋市鳥瞰図（部分）（1936年）名古屋市鶴舞中央図書館蔵

実際に新聞紙面を騒がせた事件を題材にした「通夜の人々」・「ふたりの犯人」には私立探偵の野々口雄三が登場する。警察が迷宮入りさせた難事件の数々を解決した彼の自宅兼事務所は鶴舞町にあり、やはり不木を連想させる。

そして「好色破邪顕正」で探偵を志願する戸針康雄は、不木自身をモデルにしたとしか思えない。

もちろん不木と完全に一致しているわけではないが、財産家の一人息子で中学時代に父を失っていること（不木は愛知県新蟹江村の地主の家に生まれ、愛知県立第一中学校、現在の旭丘高等学校在学中に父を亡くしている）、東京大学を卒業していること（康雄は文学部だが）、名古屋郊外の御器所に洋式の文化住宅を建てて住んでいること、読書が趣味で探偵小説については熱狂的であることも共通している。

少し度がはずれるほどの古書の蒐集癖があるところも同じで、実際に不木が蒐集した江戸時代の刊本など約550点は、現在は名古屋市蓬左文庫に収められている。

さらに康雄が夕食を済ませた「鶴舞公園前の行きつけのレストオラン」は、不木が家族で行くこともあった商工会議所（図3に大きく描かれている）地下の精養軒のことだろう。「商法」「商工」「商業」再び「商工」など、たびたび名称が微妙に変わっているが、不木が移住してきたときの名称は名古屋商業会議所で、鈴木禎次が設計した鉄筋コンクリート造の新所屋が竣工したばかりだった。

ところで、かつて弁膜不全であった交差点の西南角地にはモダン都市名古屋にふさわしいしゃれたデザインの江戸川乱歩旧居跡記念碑がある。ぜひ一度ご覧あれ。

都市ホテルの発展

洋風生活の窓として

文／松永直幸

図1
パラスホテル（1897年）
（『明治・名古屋の顔』より）

志那忠（しなちゅう）（ホテル・ヅ・プログレス）

1865年（慶応元）四代目信濃屋忠右衛門は富沢町（現中区錦三丁目）に「旅館信濃屋」を開業した（後に志那忠と改名）。1887年（明治20）この旅館に隣接して開業したのが「志那忠（ホテル・ヅ・プログレス）」で、これが名古屋における洋式ホテルの始まりといわれる。同ホテルは1897年富沢町から中村区泥江町（現名駅四丁目）に移転し、名を「パラス・ホテル」と改めた（図1）。しかし外国人向けのホテル経営はしだいに困難をきたし、1907年廃業し、土地・建物は売却した。洋風木造二階建ての建物は三井物産名古屋支社などを経て中部ゴム会館として1970年頃まで存続していた。

名古屋ホテル

1895年（明治28）高田鉄次郎は市内西区竪三ツ蔵町（現中区錦1丁目、敷地941坪）に名古屋で二番目となる「名古屋ホテル」（26室）を開業した。木造洋館5階建ての建築にあたっては、棟梁を神戸に派遣して研究させ、丈夫な欅など良材を惜しみなく使い、コンクリート工事などない時代で柱根に大きな平石一個宛を据え付けた（旭遊郭の金波楼で儲けた金が注ぎ込まれたという）。5階は高塔を戴いた欄干付の展望台となっており、衆人の眼を驚かせ、異人館とも称された（図2）。1904年には別館（8室）と日本館（12室）を建増している。英皇室のコンノート殿下を始め内外の貴顕紳士に利用された。1919年各務ヶ原飛行場開設間もない時にはフランスから招聘された飛行将校21人の宿舎ともなった。

明治後期から大正初期にかけての宿泊客の八、九分は外人客であり、神戸・横浜にある商館の陶器雑貨のバイヤー、機械鉄材売り込みの外人セールスマンが主なもので、利益は少なかった。収益の大部分を挙げたのは外人観光客で主目的は名古屋城の見学である（宮内庁管轄で大使館等を経て拝観券を入手）。これには半日もあれば十分であるので一泊止まりである。大正

図3　名古屋ホテル　ポーチと庭
「名古屋ホテル」パンフより（戦前）

図4　名古屋ホテル　フロントの風景

図2　名古屋ホテル外観
名古屋市鶴舞中央図書館蔵

期に入ると長良川の鵜飼見物、犬山の日本ライン下り、瀬戸の陶器町見学が加わり、泊数も増加した。

しかし外国人観光客は春秋にのみ集中するなど経営意のごとくならず1919年土地・建物その他営業権一切を11万5000円で大阪ホテルに譲渡し、大阪ホテル名古屋支店となる。

1921年株式会社名古屋ホテル（資本金50万円、払込金12万5000円）が設立され、地所建物は大阪ホテルより借りる賃借契約を結んだ。まず本館の客室・設備を改装し、屋上展望台は風当りが強く躯体に影響を及ぼす恐れがあるため撤去。日本館を舞台付の大広間と大食堂に改修して官公私にわたる50名の宴会も可能にするなど飲食サービス部門を拡充した。日本人客もしだいに増加し、公共的空間として名古屋の応接間のような存在となってきた（図3、4）。当時の代表的な財界人である名古屋鉄道初代社長富田重助の日記を見ると、昼は名古屋ホテル、夜は河文で各種の会合・宴席に出席している。1930年（昭和5）には名古屋市公会堂に食堂を開設した。

1941年大阪ホテルのホテル部門が閉鎖されるのを機に、株式会社名古屋ホテルは従来の賃借契約を解消して優先的に地所建物を譲受けることに決し、資金調達の件につき主務大臣の許可を得て独立をはたした。同ホテルは1945年空襲によって本館は全焼、宴会場は半焼した。

戦後は1950年名古屋の実業家足立勝亮（かつすけ）によって復興再開され。1969年頃まで営業していた。

1907年パラス・ホテル廃業後は名古屋ホテルが市内唯一のホテルであったが、1933年万平

名古屋ホテルの思い出　高田弘子（78歳）

名古屋ホテルは母方の祖父足立勝亮（かつすけ）が取得し、長男である叔父の足立彦太郎が経営者となりました。その後、母（長女）の夫である私の父の髙田一良が社長兼支配人となって、運営していました。

私が小学生の頃は名古屋ホテルへよく行き、祖父には可愛がってもらいました。この時は、かわいい、ひらひらのよそ行きの服を着て、ちょっと緊張したものです。ここでテーブルマナーを学び、西洋様式の生活に親しみました。

美術品のコレクターであった祖父は、青木繁、林武の油絵などをホテルの壁に掛けていました（ホテル廃業後も油絵は某画廊を通じてよく展覧会に貸し出されています）。

中華料理については、お座敷で中国人のコックさんによる本場の中華料理でもてなし、大変美味しく、名古屋随一といわれました。

1890年（明治23）生まれの祖父は農家の6男で、丁稚奉公から多方面に事業を展開する実業家でした。他の事業の関係で名古屋ホテルを整理したことは実に残念なことでした。

名古屋ホテル　ブランケットホール
「名古屋ホテル」パンフより（戦前）

図6 「大一ホテル」のパンフレット（『名古屋商工案内』）
奥は松坂屋

図5　万平ホテル（『『戦災復興誌』より）

ホテル（44室）が（図5）、1935年大一ホテル（30室）が開業した（図6）。

名古屋観光ホテル

1928年（昭和3）時の名古屋ロータリー倶楽部会長であった伊藤次郎左衛門（松坂屋社長）は、「名古屋にも国際級のホテルを作るべきだ」と提唱し、伊藤が会頭を務める名古屋商工会議所が中心になりホテル建設構想がスタートした。1929年の世界恐慌以降建設計画は中断したが、景気の回復とともに動き出した。この間国においては国際収支改善のため外国人観光客誘致事業が発足し、国際観光局が開設された。各地で建設される国際観光ホテルは、県・市・町が国際観光局から低利の国庫資金の斡旋融資を受けて設立し、経営は民間の株式会

図7　開業当時の名古屋観光ホテル　名古屋市市政資料館蔵

図8「名古屋観光ホテル」のパンフレット（戦前）

社に委託する方式が確立された（15ホテル）。

1934年10月、名古屋市は観光ホテル建設費に充当のため130万円起債したが、その起債方法は債券発行により大蔵省預金部より借入、利率年3分8厘三年据置27年間償還、償還財源は観光ホテル納付金である。同年9月ホテル経営会社である株式会社名古屋観光ホテル（資本金150万円）が創立され、初代社長に青木鎌太郎（商工会議所副会頭、愛知時計電機社長）が選ばれた。名古屋観光ホテルは西区中ノ町1丁目（現中区錦1丁目、敷地1523坪）に、1936年12月に中部地方唯一の近代的大型ホテルとして開業した（図7、8）。鉄骨鉄筋コンクリート地下1階地上5階建て、客室70室である。総建設費は167万5000円で、国庫融資割合は78％である。開業にあたっては帝国ホテルが全面的に支援し、支配人を始め要員約30名が派遣された。

翌1937年3月名古屋汎太平洋平和博覧会が開催され、78日間の会期中は連日満員であったが、7月日中戦争が勃発し、以降苦難の時代が続く。敗戦後も1956年10月まで占領軍に接収された。1951年2月大蔵省預金部借入資金は全額繰上げ償還され、土地・建物の所有権は名古屋市から名古屋観光ホテルへ移管した。1972年12月地下4階地上19階建ての新本館（505室）が開業した。

名古屋市公会堂ができるまで

文／富屋 均

7年の歳月かけて完成

水道局から返却された土地

鶴舞公園の公会堂の場所は、1919年（大正8）までは水道局に貸してあって、下水管の製造工場となっていた。1921年これが返却されたので、公園当局は1911年（明治44）に鈴木禎次が設計し、本多静六が監修した設計図に沿って最後に残ったこのエリアの整備を始めたが、半分ほど工事が進んだところで、ここに公会堂建設の話が持ち上がった。

図1　設計万端成った名古屋市大公会堂設計図。工費250万円とある。（「名古屋新聞」1924年6月20日夕刊）

皇太子ご成婚記念として

1923年（大正12）6月の新聞には、2万円強の建築設計予算が計上されていることや、工費170万円で大阪の公会堂の外観に近くそれより小ぶりにという設計

図2　1927年（昭和2）4月に着工したため、1928年9月から始まった御大典の博覧会会場区域には入れられず、変則的な会場構成となった。御大典奉祝名古屋博覧会絵葉書に加筆

図3　明日の開館を待つ新公会堂。建物本体が完成したがオープン時には外構工事は間に合わなかった。（「名古屋新聞」1930年10月9日）

方針も紹介されているが、9月には関東大震災が起こり、大阪のような優美な石とレンガの建物は選択されずに終わったようだ。1924年1月には皇太子（後の昭和天皇）のご成婚記念事業として議会で採択されて、6月には初期案と思われる設計の透視図が新聞に掲載された（図1）。1925年6月には最終形に近い模型も完成し発表された。

寄付金集まらず難航

この時、ここから3カ年の事業期間を想定したが、事は思うようには進まなかった。人口は東京や大阪の3分の1程度で公でも民でも財力は限られていた。それらの都市に匹敵するような規模や質を目指したが、工事費は東京、大阪にならって概ね寄付に頼った。しかし名古屋で寄付金は思うようには集まらず、1927年（昭和2）4月には資金の目途が立たないまま着工してしまい、途中で支払いができず中断し、骨組みだけの状態で野ざらしが続いた（図2）。同年8月市長になった大岩は設計内容を見直して70万円程工事費を減額したが、「東洋一」が好きな市長は、客席数を他都市を上回る3千席に増やすよう指示したという。

結局、1924年（大正13）以来約7年の歳月を費やし、1930年9月、ようやく完成を見たが（図3）、工事中はおろか、竣工してもなお不足金の補塡のため、31年まで寄付を募り続けたのである。

東洋随一の公会堂が完成

最終的に工事費約204万円をかけて、先進都市に比べてもそん色ない堂々たる公会堂が完成した。それは東洋一と呼んでも過言ではない市民が誇りうるものであった。座席2700を有し、予備椅子を入れると3千人を収容できる大集会室はじめ、多くの部屋を持ち、建坪783坪、延坪3561坪の近代復興様式の鉄骨・鉄筋コンクリート造、地階共で5階建の建物であり、耐震性にも考慮された結果、改修を重ねながらも現在も使われ続ける施設となった。

大正・戦前昭和の松坂屋

文／菊池満雄

名古屋市の発展とともに

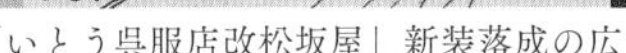

「いとう呉服店改松坂屋」新装落成の広告

栄町から南大津町へ移転

　1920年（大正9）の第1回国勢調査で約43万人であった名古屋市の人口が、5年後の1925年の第2回調査では76万8000人に急増した。都市への人口集中は大衆消費社会の形成を促し、百貨店の客層もそれまでの特定顧客から不特定多数の新中間層（俸給生活者、サラリーマン）へと拡がっていった。栄町のデパートメントストアいとう呉服店は、その増加する顧客と商品によって手狭になったため、栄町から300m南の南大津町（現在地）への移転を決定した。1924年3月に竹中工務店の手により着工し、翌1925年4月に竣工した。総面積約2万㎡、耐震・耐火鉄筋コンクリート建て、地下2階、地上6階の建物は、名古屋城と比肩する高層建築物であった。

　1925年5月1日、「いとう呉服店」改め「松坂屋」として華々しく開店した。

　1910年（明治43）の百貨店開業以来、売上高において洋雑貨、ショール・洋傘・履物、児童用品、食料品などの構成比が年々高くなっていったが、この年、松坂屋の呉服部門の売上高のシェアが遂に50%を切り、もはや呉服店の名称がそぐわないものになっていた。松坂屋は、他社に先行して商号

南大津町に新築の6階建ての店舗。設計は鈴木禎次

「松坂屋スゴロク」。遊びながら百貨店内を学べた

から呉服店を外し、名実ともに百貨店へと脱皮を遂げたのである。

新店舗は、多様化する品揃えに対応できるよう陳列スペースを拡大し、新たに5階に楽器、写真、図書、4階に和洋家具、室内装飾品、園芸、1階に薬品などの売場を増設。施設・サービス面でも多くの新機軸を打ち出し、屋上に展望台、動物園、水族館、こども遊園、6階に多目的ホール（定員800人）などを開設した。大食堂は6階と地下1階に設け、地階の食堂は夜間も営業した。店内には客用エレベーター6台のほか、暖房冷風装置、空気清浄装置なども備えた。このとき土足入場も打ち出した。

昭和初期、堅実な企業の多い名古屋市は、他の都市に比べて不況の影響が少なかったこともあって多くの人々が流入し、1928年（昭和3）には人口が3年前より10万人増の約87万人となっていた。この急激な人口増加を背景に松坂屋は同年9月15日、本館北側に2階建ての北館（1315㎡）を増築し、2階を催事場として店舗の拡張をはかった。その記念催事として、鶴舞公園でおこなわれる「御大礼奉祝名古屋博覧会」（9月15日～11月30日）に合わせ、「市制40周年記念大名古屋博覧会」（9月15日～25日）を開催した。

増改築による店舗の拡張

1934年（昭和9）、名古屋市の人口が100万人を超えた。

松坂屋は、都市の発展につれて小規模な増築を重ねてきたが、いよいよ木造2階建ての北館を取り壊して大拡張工事をおこなうことになった。同時に6階建ての旧館を7階建てにする工事にも着手した。

1935年8月24日から、本館

屋上「コドモノクニ」の案内。まさに遊園地

新館（手前）と増改築中の旧館（奥）

「全館完成」のポスター。谷口健雄の作品

の売場改装と並行して工事を進め、翌1936年9月19日には7階ホールが完成した。その後7階には婚礼儀場、美容室などの諸施設が揃い、これらを「松坂倶楽部」と総称した。

1936年12月1日には、名店街の先駆けとなった「東西名物街」を地下1階に開設した。京都・とらや黒川店（和菓子、羊羹）、大阪・松前屋（昆布）、東京・有明家（佃煮）、東京・コロンバン（洋菓子）から成る名物街は、現在のデパ地下の原型といってもよく、業界でも評判になった。

食堂・喫茶にも力を入れ、7階に趣味の食堂「常磐亭」、6階に大食堂、茶席「凌雲亭」、中2階に喫茶「銀サロン」、地下2階に大食堂、中国料理「松和園」、お好み寿司、とんかつなどの食堂街を配した。

屋上には動物舎、水禽舎などに

東西名物街（左からとらや黒川、松前屋、有明家、コロンバン）

広い直線の通路が美しい1階売場

最新の照明・音響効果を誇った7階ホール

東山方面が眺望できた6階食堂テラス

1934年の店内風景

加え、メリーゴーラウンド、子供を乗せて歩く象、こども自動車、こども汽車などを設置した。

売場のみならず店内の諸施設も飛躍的に充実した。客用エレベーターは6基から9基へ、エスカレーターも地階から5階まで5基を新設した。

1937年3月1日、旧面積のほぼ倍に匹敵する総面積3万3000㎡の増改築が完成した。

開店にあたり「全館完成記念福引大売出し」を開催するとともに、3月15日からは「名古屋汎太平洋平和博覧会」（主催名古屋市）協賛の「新日本文化博覧会」（〜5月31日）を繰り広げた。

この博覧会を機に名古屋市は新興都市として大きく発展したが、松坂屋も増築によってその地位を更に強固なものとした。

稲川勝二郎と文化図案社

名古屋の元祖コピーライターの仕事

文／編集部

「文化図案社」というなかなかシブい社名の会社があった。社屋は名古屋市中区大坂町1－2。図1を見ると松坂屋の北東付近である。宣伝印刷物の制作会社で、社内に趣味春秋社や栄鯱倶楽部という雑誌発行所も設けていた。現在のデザイン・編集プロダクションのようなものだったと思われる（『周縁のモダニズム』）。

詩人ジャーナリストから転身

経営していたのは稲川勝二郎（勝次郎）。1902年（明治35）、大垣市生まれ。詩人でもあり、20代はじめに『大垣の空より』（角笛詩社）を出している（図2）。戦前の詩人としての活動はよくわからない。22歳で「名古屋新聞」の社会部記者になっているが、数年で退職。そして、「名古屋市の南にあたる八事天白渓の土地支配人という仕事を皮切りに、めりこむように実業界の人となった」（『続々・中部日本の詩人たち』）。

図1　大日本職業別明細図　国立国会図書館デジタルコレクション

図2　若き日の稲川勝二郎（『大垣の空より』）名古屋市鶴舞中央図書館蔵

詩人ジャーナリストとしての文才と、「頭のてっぺんから足の爪先まで、商売のことで凝り固まっている」と評される実業的センスがうまくブレンドし、数々の宣伝媒体を生み出した。

よく知られているのは、『歓楽の名古屋』（趣味春秋社）だろう（図3）。1937年（昭和12）開催の名古屋汎太平洋平和博覧会の会場で販売されたもので、名古屋に来た内外の観光客に向けたガイ

図3『歓楽の名古屋』表紙　名古屋都市センター蔵

図4 『年刊　鯱のうろこ』表紙
個人蔵

図5　栄鯱倶楽部の広告

図6　カフエー・コロムビアの広告

ドブックである。男性向けといってよく、「夜の観光」、つまり盛り場案内に大半のページを割いている。「広小路の化粧顔」の項を引こう。

　銀座通りの垢ぬけした明るさは大年増のほんのり薄化粧した感じであるが、こゝ広小路の日に日に色ます絢爛ネオンの色彩は、爛熟した年増女の狂態。昼の乙にすました素顔に比べて、タンゴドーランを塗り立てた化粧顔は、それだけに広ブラ客を魅了するものがあるではありませんか。夜店は年増女に仕へる幇間、といった役割を勤め、西から見て行けば納屋橋畔の名宝劇場、北側の観光ホテル辺りはまだ役割区域に入らないが、南側が桑名町電車停留所から始るのに比して北側は銀行のビルに邪魔されてやっと本町十字路で中村呉服店から南側に呼応して、ご機嫌を伺ふ。南側に居並ぶ植木盆栽の夜店は、名古屋人の風流味を街頭に示した銀座にも心斎橋にも見られぬ独特の夜店風景、案外安いから観光客一つ家土産にとお薦めしたい。但し懸値があるから値切ることをお忘れないやうに――。

広告を都市文学に

『年刊 鯱のうろこ』は、1935年の刊行（図4〜6）。名古屋市内で商店販売講座もやっていたという稲川が、「効果的宣伝法」の実践例として執筆・編集したものだろう。名古屋市内の40数社の商店・会社を紹介した本である。奥付に4000部で非売品とあるから、加盟同人44社が出資して制作、それぞれの店頭などで配布したにちがいない。

無味乾燥な広告文集ではない。

図7『年刊　鯱のうろこ』の「内外共に良し」に添えられたイラスト

序文の日本産業能率研究所の上野陽一の評が本書の中身をうまく言い当てている。

「例へば漫談によって酒を宣伝し、小説によって菓子を宣伝し、落語によって食料品を宣伝するが如き、その何れも単なる広告を離れて文芸的価値高き作品である」

たとえば「内外共に良し」を見てみよう。一組のご老人婦人の話だ。なんでもこの夫婦、酒は一切の罪悪の元と、息子には甘いものしか食わせなかった。蒸菓子、饅頭、キャラメル…。ついに息子は胃を悪くして医者通いに。やはりお酒の方がよかったのかなとこぼす老夫婦に、「とんでもない。こんなご病人にお酒など上げたら生命はありませんぞ!」と医者は言う。老夫婦はいろいろ考えた末、大須門前青柳の外郎に白羽の矢を立てた。そうしたらびっくり、息子は全快する。喜んだ夫婦はさっそく離室を新築。息子の花嫁を迎えた……。めでたしめでたしと思いきや、今度は息子夫婦の仲を心配しはじめる。

ある日のこと。お母さんが血相を変えて飛び込んできた。「いまそっと離室を覗いたら二人で青柳の外郎やむしようかんを奪い合っとる」(図7)。そこでお父さんは考えて「外良(うぃろう)なら心配ない。夫婦仲もいいが外も良くて安心さ」

時代の波に乗りつつ

もうひとつ、稲川勝二郎編集の雑誌を紹介しよう。「趣味と衛生」というちょっと変わったタイトルの雑誌だ。発行は同じく趣味春秋社。いま手元にあるのは1938年1月号(18号)と11月号(28号)だ。なぜこのタイトルなのかはわからない。同人は稲川を含む4人で、ほかは医学博士の大田什安、加藤精一、鹿又文雄。いずれも医療関係者と思われる。

大田は名古屋二業診療所医長として、1938年11月号の巻頭に、「国民精神総動員と家庭に於ける衛生問題」という文章を書いている。国民は健康にしてはじめて「国民総動員」に参加できるわけで、とくに「衛生」に注意せよというわけだ。一致団結して国家に奉仕するための心得としての「衛生」。稲川は「挙国一致」のため

図8「趣味と衛生」(1938年11月号)の表紙　個人蔵

図9　大関の広告。「皇軍万歳」「銃後の護りも大関」とある。「趣味と衛生」(1938年11月号)

のプロパガンダとしてこの雑誌を創刊したということだろうか。

もちろん「趣味」のほうも忘れていない。賛同同人の大日本麦酒株式会社の青木傳が盆栽についてのエッセイを書いているし、「趣味の話」として「雪景の撮し方」なんてコラムもある。

「名古屋新聞」記者の殿島蒼人の大須ルポ「食べもの名古屋」は、なかなか辛辣である。「日本の大須へ――などと振興会が力んでゐるが、その日本の大須に、ちょいと食事をするのに手頃な家がほとんど見当らない」とはじまり、なまじ時流に棹さそうと大衆向きな食堂をこさえたりする様を嘆く。「新規開店の繁昌がさっぱりアテにならないのは名古屋の一特色であらう。けふまた新しい店ができると客はその方へ走って、きのふ開店した店を顧みやうとしない」と結ぶ。

紙幅がないので最後に文化図案社がやっていた「工場鳥瞰図写真」について紹介したい(図10)。

図10　文化図案社作成の鳥瞰図　原図は縦二尺五寸、横三尺五寸

文化図案社の社員には「高等工芸から工業学校出、中京商業出を十人余りも使って」(「鯱のさかえ」4号)とあるから、専門技術員を整備し、稲川はその先頭に立って営業に勤しんだことだろう。

広い面積の工場などで、きれいかつ、各建物の位置や棟数がわかるように示すには鳥瞰図が一番と、エアブラシを使って制作する製品をPR。当時すでに東京や大阪でも同様の会社はあっただろうが、遠くの会社では打ち合わせも大変で、きめ細かさがなくなるし、小さい工場などではかえって費用のみ高くつくだろうと、東西に挟まれた名古屋でフットワークの軽さをアピールしている。

戦前名古屋の電気広告点描

電気広告に見る電気の普及と電化生活

文／浅野伸一

はじめに

名古屋における電気利用は、まず電灯の普及に始まり、その後、都市電化、家庭電化が進み、街の風景や市民の暮らしを大きく変えていった。この間、電灯電力会社は、電気文化の先兵として広報宣伝活動を積極的に展開した。それでは、戦前名古屋の電気広告の世界を訪ねてみよう。

電灯照明の普及─名古屋電灯時代

１８８９年（明治22）12月、名古屋電灯が開業した当時、電灯は文明開化の象徴であったが、まだ高価だったので、官庁、商店、料亭や、一部富裕層での利用に留まった。この状況は20年あまり続き、１９０７年頃の電気の普及率は10％程度に留まっていた。一般市民は石油ランプ中心の生活を送っており、電灯は高嶺の花だったのである。

電灯効益摘要

電灯事業の開業を控えた１８８９年６月、名古屋電灯では「会社広告」を新聞等に発表（図１、部分）し、この中で白熱電灯の効益として10項目を掲げていた。これを読むと、電灯の明かりをどのように捉えていたかがわかる。まず、「白熱電燈は燈光実に美麗清鮮なり」と称え、続いて「火の移る事なし」、「石油の如き悪き臭ひなし」、「風の為めにちらついたり滅ゆる事決してなし」などと書かれている。明かりの主流であった石油ランプを意識しつつ灯火としての電灯の優位性を挙げている。面

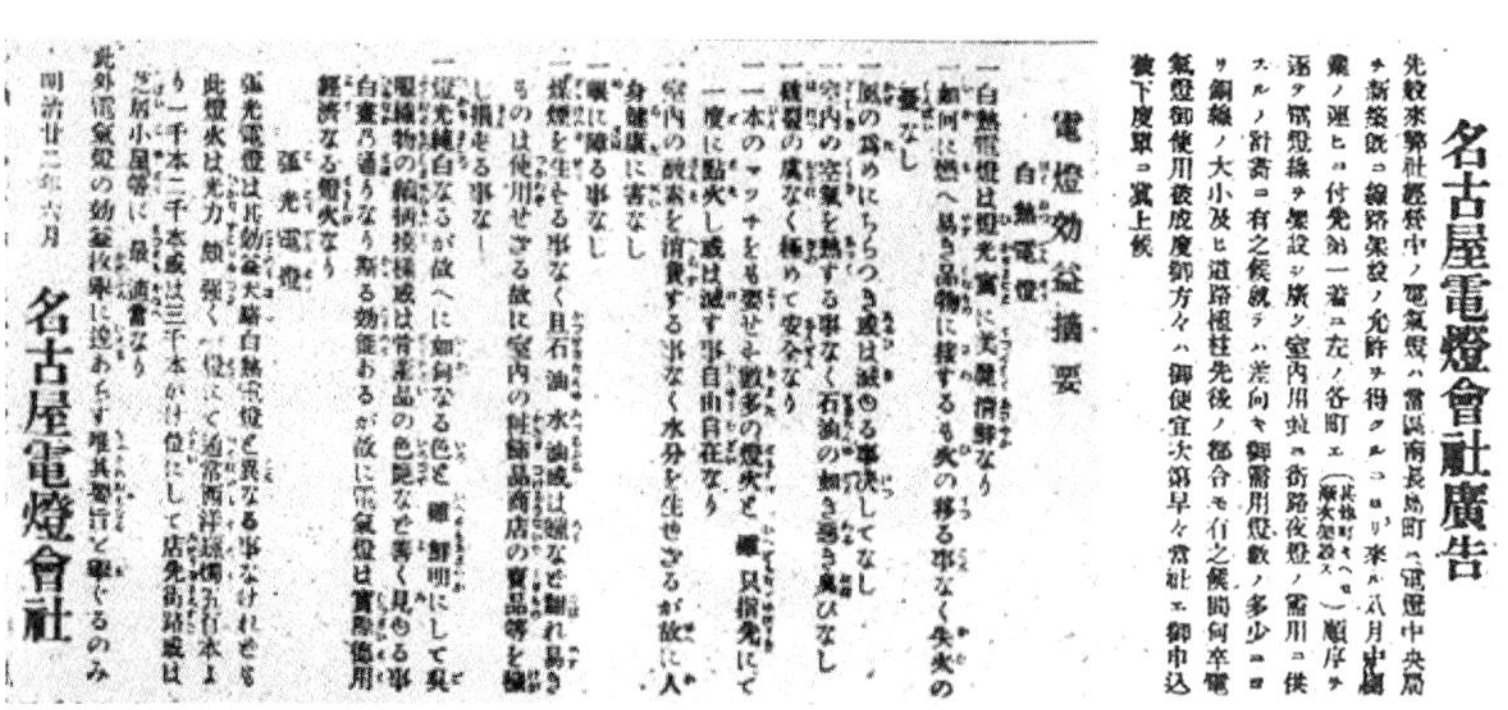
名古屋電燈會社廣告

電燈効益摘要

白熱電燈

一白熱電燈は燈光實に美麗清鮮なり

一如何に燃へ易き品物に接するも火の移る事なく失火の憂なし

一風の爲めにちらつき或は滅ゆる事決してなし

一室内の空氣を熱する事なく石油の如き惡き臭ひなし

一破裂の虞なく極めて安全なり

一一本のマッチをも要せず數多の燈火を一瞬只指先にて一度に點火し或は滅す事自由自在なり

一室内の酸素を消費する事なく水分を生せざるが故に人身健康に害なし

一眼に障る事なし

弧光電燈

明治廿二年六月　名古屋電燈會社

図１　名古屋電灯会社広告（1889年６月）名古屋市鶴舞中央図書館蔵

白いのは「数多の燈火と雖只指先にて一度に点火し或は滅す事自由自在」と書かれており、こんなことも当時の人には画期的だったようだ。電灯ではなく「電気燈」と書かれ、発電所ではなく「電燈中央局」と書かれている。

名古屋電灯会社開業広告

当時の電灯会社の広告は広く一般市民に呼び掛ける内容ではなかった。多くは候文で書かれ、お役所風の告知文であった。さきの名古屋電灯開業広告の冒頭は、「御需用燈数ノ多少ニヨリ銅線ノ大小及ヒ道路植柱先後ノ都合モ有之候間、何卒電気燈御使用被成度御方々ハ御便宜次第早々当社エ御申込被下度」と、会社都合を慇懃に押し出しており、楽しさ、華やかさは見られない。同年8月に出された広告では「電燈需用諸君」と呼び掛け、電灯の披露を兼ね、全国の同業社中未曾有の「点火後十日間ハ無代価」とする措置を告げている（図2）。また、1904年7月になり、昼間の電力供給を伝える「新愛知」（1904年7月16日）の広告は「工業家諸君の便益を図る為め電動機使用諸君の需めに応じ昼間の送電を開始」と述べ、次いで「準備の都合も有之候故、御希望の諸君は此際至急御申込被下度候」とやはり候文で会社事情を慇懃に伝えていた。

電燈需用諸君ニ謹告
當社嚢ニ點燈規則ヲ廣告セシ以來日増御注文ヲ蒙リ茲ニ鳴謝ス就テハ該注文ノ諸君ヲ始自今開業已前ニ申込相成タル御方エハ全國同業社中未曾有ノ大勉强ヲ以各位御注文ノ燈數納定時間ニ限リ燈數ノ多少ヲ論セス御披露ノ爲點火當日ヨリ十日間ハ無代價ニテ點燈可仕候間僥倖續御購求成シ賜ンコヲ愛顧諸君ニ謹告ス
明治廿二年八月　名古屋電燈會社

図2　電灯需用諸君ニ謹告
「金城新報」（1889年8月7日）

照明革命の進展

明治40年代に名古屋電灯では長良川発電所や木曽川（八百津）発電所が完成し、供給力が強化されるとともに、過剰生産力を抱え業績が悪化していた。このため、電灯中心に需要開拓を積極的に進めた。さらにその後タングステン電球が発明され電気料金の低下をもたらし、電灯は急速に普及していった。

□第十回関西府県連合共進会

まず、各種イベントと連携しながら、電灯照明のデモンストレーションがおこなわれた。1910年3月16日から鶴舞公園で開催された第十回関西府県連合共進会は、名古屋が城下町から工業都市へと転換する画期となった。光の祭典と言われたように、会場はイルミネーションで装飾された（図3）。名古屋電灯では会場内に電気館を設け、電気利用の大きな広報宣伝の場となった。

□御大典奉祝門・青島陥落記念祝賀式

大正天皇の御大典を祝し、1

図3　イルミネーションで飾られた共進会夜景」（『第十回関西府県聯合共進会記念写真帳』）

図5　青島陥落祝賀会大提灯行列（1914年11月）
名古屋市博物館蔵

図4　名古屋電灯御大典奉祝門
「電気之友」（1915年12月）

915年（大正4）、名古屋電灯では広小路通りから名古屋城に向かう本町角に、約1000灯の電灯で装飾した古代式楼門造りの奉祝門を立てた（図4）。またこの機会に「畳一畳当りを八燭乃至十燭となすべく勧誘し、商店照明は一燈を六十燭以上百燭」を目標とする電灯の勧誘活動もおこなわれた。1914年11月には青島陥落を記念して戦勝祝賀式が催され、武平町の記念碑前には大勢の市民が提灯行列をおこなった。図5の写真に見るように、電気で装飾された奉祝門には名古屋電灯のマーク（電）が写っている。

値下けしたる電燈の一ケ月料金
電燈は斯くの如く値下けしたり
申込書切取り御使用被下い

図6　電灯料金値下の広告郵便　電力絵葉書博物館（1912年1月）

電灯勧誘

1912年1月、電気料金の値下げがおこなわれた。図6は料金値下げを伝える往復葉書で、裏側は電灯申込書となっている。同年5月には新柳町に名古屋電灯の本社が完成し、これを記念して「新築記念　電燈無料券提供」という広告（図7）を出し、新築記念に電灯料無料券が配られ、電灯申込の好機と呼び掛けている。翌6月には、夏を控えて「祝新築、夏来る！　扇風機!!　扇風機!!」とPRし、「涼風颯々居ながらにして避暑」とその効用を記している（図8）。1913年9月には、創

図7　新築記念　電灯申込の好機
「名古屋新聞」（1912年5月11日）

図8　祝新築　扇風機！扇風機!!
「名古屋新聞」
（1913年6月3日）

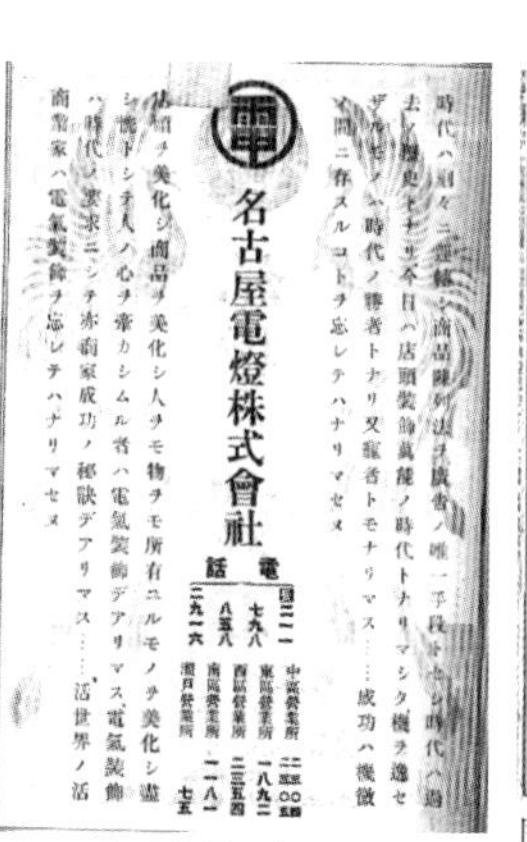

図9　店頭装飾の勧め
『名古屋商工案内』
（1915年11月）

立25周年を迎えて、季節の需要家に総額1万円に及ぶ記念の電灯大福引きの広告（略）が大きく紙面を飾った。需用家ではなく「御得意様」と呼び方も改められている。

店頭照明

商店の照明にも力が注がれた。図9の『名古屋商工案内』（1915年版）の広告では、「店頭装飾万能の時代」来るとし、「有ユルモノヲ美化シ尽シ恍トシテ人ノ心ヲ牽カシムル者ハ電気装飾デアリマス」と記し、美文調で電気装飾が商売成功の秘訣であることを強調している。御大典を電気の点灯で奉祝しようとの趣旨から店頭照明の競技会もおこなわれた。図10は御大典を祝って実施された名古屋電灯の店頭装飾である。奉祝歌に合わせて160個の電灯が点滅したという。

図10　名古屋電灯の店頭装飾
「名古屋新聞」（1915年11月22日）

電気広告に工夫をこらす

電気広告は人々の目に留まるようにと工夫が凝らされるようになっていく。明るい街づくりに向け、「犯罪は暗きに生ず」とギョッとするようなキャッチコピーを載せ、電灯の光皎々とする家には盗人が入らないと記し、また「明るい家に住む人は快活である、明るい店に入る客は愉快である」と、イラスト入りで電灯の増燭増灯を勧めている（図11、12）。名古屋電灯をもじって次のようなコピーの広告（『中央銀行会通信録』1918年1月）もみられた。

名古屋城夜目に美し投光器
古家も100燭光に輝けり
屋内の明るき店や客多き
電燈に品美しや飾り窓
燈火おぢて盗人の顰哉

「自慢較べ」と題した広告（『中央銀行会通信録』1918年6月）では、扇風機が「万物呼吸を止め

犯罪は暗きに生ず

さる盗人の言ひける
如何に厳重なる戸締りな施しあるも忍び入らん
に難き事は無けれど唯電燈の光皎々として晝を
欺くばかりの家は心怯して得入らずと、
畢竟盗人にしてやらるゝは僅かの電燈料を惜む
が為めに外ならざるなり

名古屋電燈株式會社

図12　犯罪は暗きに生ず
「中央銀行会通信録」
（1917年8月）

明るい家に住む人は快活である
明るい店に入る客は愉快である

名古屋電燈株式會社

図11　明るい家に住む人は快活　「中央銀行会通信録」
（1917年2月）

てそよ風だになき夏の午後一陣の涼風は値千金」といえば、電灯が「物価騰貴の此頃に騰らぬものは電燈料」と応じている。

都市電化と家庭電化—東邦電力時代

1922年（大正11）6月に東邦電力が発足した。電灯はランプやガス灯にかわって照明市場を独占し、広告宣伝活動は街づくりと家庭電化を両輪として展開された。東邦電力は都市計画事業にも積極的にかかわり、「都市創作」や「都市美研究会」等に論文を投稿し、広告が掲載された。電灯照明に関しては次のような「電燈標語」が作成され、各種広報活動で使われた（図13）。

住宅—明るい御内はキット幸福
　人は誠、電燈は室毎
商店—明るい御店はキット繁昌
　店内千燭、町内万燭
街路—明るい街路はキット繁栄
　一軒千燭、町内万燭
工場—良照明は生産増加の先駆なり

電燈標語

住宅—○明るい御内はキット幸福
　　　○人は誠、電燈は室毎
商店—○明るい御店はキット繁昌
　　　○店内千燭町内萬燭
街路—○明るい街路はキット繁榮
　　　○一軒千燭町内萬燭
工場—○良照明は生産増加の先驅なり

東邦電力株式會社名古屋支店
電話本局代表五五三〇番

図13　電気標語
「都市創作」（1926年11月）

電気普及館・電気百貨店

東邦電力名古屋支店では1929年（昭和4）1月、他の電気事業者に先駆けて、旧本社の跡に「電気普及館」を新設した。電気利用の実際を実演し、電気機器の委託販売や相談に応じるなど、電気啓蒙の場となった。普及館は1932年7月に、電気百貨店（図14）に改組された。電気百貨店は、名古屋市内の従量電灯料金が値下げされ、各種の電気器具が便利に使えるようになったのを機に、電気製品の積極的な販売を目指した。出品者が直接経営することにより、

図14　電気百貨店（現電気文化会館）
中部電力でんきの科学館蔵

図16　広小路通新式街路灯　「我が国に於ける街路照明現況」「照明学会雑誌」（1927年1月）

図15　電気の家御案内　三菱電機製作所　名古屋市市政資料館蔵

信用ある製品を廉く提供できるようにした。

□電気の家

　１９３４年、三菱電機名古屋製作所では電気の家を建設（建築費・設備費５万円）した（図15）。未来の理想的な電化生活が体験できる施設で、マスコミにも取り上げられ、名古屋の見学コースの一つとなった。今では当たり前の機器であるが、電気時計、電気蓄音機、電気掃除機、電気ライターなどの実物が、理想的な家庭用機器として展示されていた。

□広小路通りに
　新式街路灯

　１９２２年12月、東邦電力では栄町発展会に協力して、高圧直列式の新式街路灯70基を設置した（後に新柳町や大津通などにも拡大）。わが国初の方式で、近代都市の照明として全国的に注目され、照明関係の専門誌にも紹介された（図16）。直列式で電流が一定しており効率も高かったが、他地域で並列方式が普及し、特殊な電球を使用するため補給が困難で、後に並列式の街路灯に変わった。

□名古屋汎太平洋平和博覧会・
　昭和天皇御大典

　東邦電力は各種のイベントに参加し、奉祝門の建設や街路灯の補助がおこなわれた。１９２８年９月、昭和天皇の即位を祝う御大典奉祝名古屋博覧会が鶴舞公園でおこなわれた。東邦電力と照明学会東海支部の設けた電気館では、色の魔術、色の幽霊などの展示をおこなった。「御大典紀年に御家をうんと明るくいたしませう」と書いたポスター（図17）もつくられている。

　１９３７年３月15日から78日間、名古屋市主催の名古屋汎太平洋平和博覧会が開催された。名古屋港開港30周年など名古屋の市勢拡大を踏まえたイベントで、入場者は４８０万人を数え、戦前では最大規模の博覧会であった。電気館（図18）では、トーキー、ネオンなど最新の電気装置を紹介し、

図17　御大典記念に御家をうんと明るく「電華」（1928年10月）

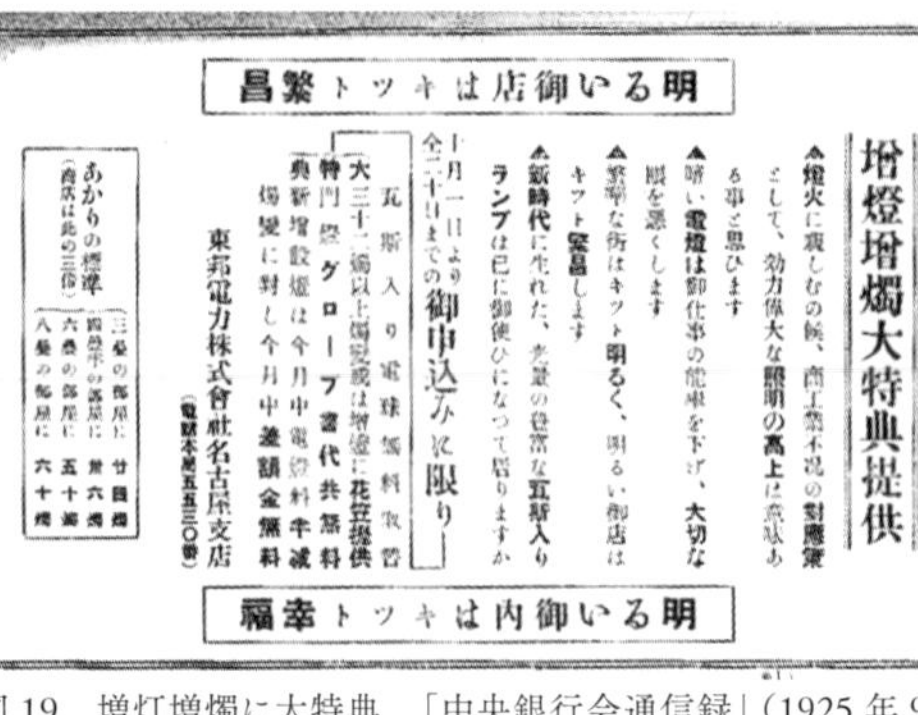

図19　増灯増燭に大特典　「中央銀行会通信録」（1925年9月）

図18　名古屋汎太平洋平和博覧会　電気館（『名古屋汎太平洋平和博覧会会報』）

高周波の提灯を持って通る魔のトンネルや魔法の家が人気を呼んだ。博覧会を契機に「明るい名古屋」をモットーに街路灯の取付けが推進され、名古屋の都市電化を推し進めた。

商店照明

東邦電力では、都市計画名古屋地方委員会や都市美研究会等と連携し、電気照明を用いた都市美観の向上、盛り場の演出などに努めた。「明るい御店はキット繁昌」をキャッチフレーズとし、店舗照明の改善指導、間接照明・店頭ネオンの推奨、ショーウィンドウの装飾競技会などを実施した（図19、20）。

電熱時代の演出

多様な電化製品が開発されるなか、電力会社では電熱利用による家庭生活に力を注いだ。「1930年 電熱時代」の

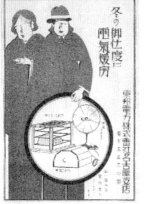

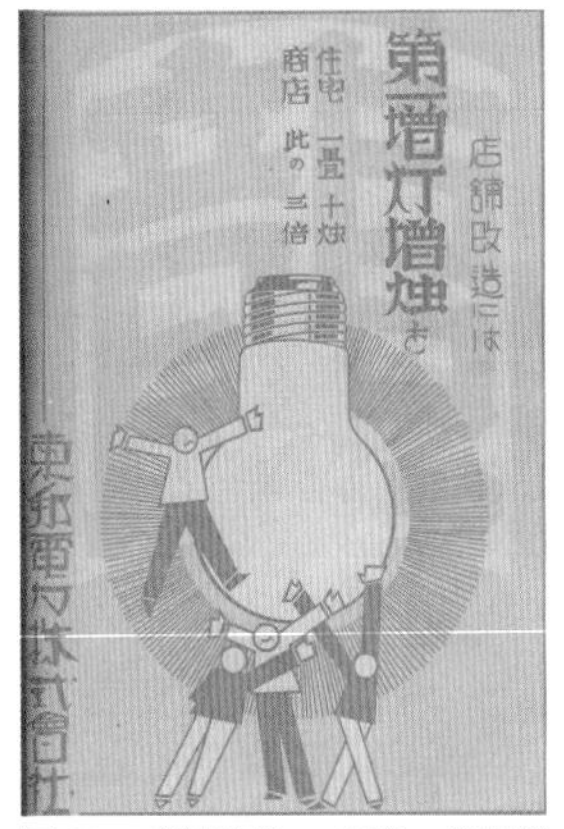

図20　店舗改造には第一増灯増燭を
「商業界」（1928年2月）

図23　冬の御支度電気暖房
「商業界」1927年2月

図22　台所緊縮に電熱
『名古屋商工案内』1935年4月

図21　簡便な電気アイロン
「都市創作」1926年2月

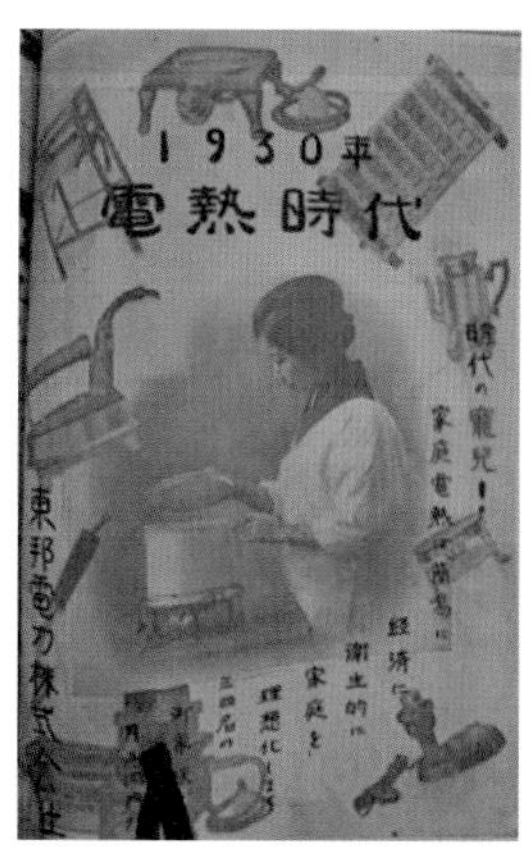

図24　1930年　電熱時代
「商業界」1930年4月

図25　お客を大切にするお店には扇風機
「商業界」1930年6月

図26　扇風機予約募集
「中央銀行会通信録」
1928年4月

メッセージのもと、理想的な家庭生活として、台所の煮炊きに電気七輪、簡便な電気アイロン、安全な電気ストーブ・電気コタツを推奨した（図21～24）。炭火中毒のない安全な暖房を宣伝し、経済的な電熱利用で「女中の暇だし」ができると強調し、「ダイヤの指輪に火吹竹　今朝もこがした朝御飯　代へて頂戴電熱に電気は重宝スッポンスッポン」などというユーモラスなコピーもみられた。

扇風機

扇風機は1904年（明治37）に国産品（芝浦製作所）が発売され、早くから普及した電気製品であった。家庭の電気は定額制で使われるのが一般的だったので、夏になると扇風機の臨時使用期間が設けられた。家庭向けには「山海の涼風を扇風機で」「避暑旅行より自宅で扇風機」「暑い夏も扇風機で暑さ知らず」など扇風機の魅力を宣伝し、店舗向けには「お客様を大切にする店には扇風機」といった広告コピーがつくられた（図25、26）。

図27　二股ソケットでコタツと明かりを使用（1931年の同社広告）
パナソニックホールディングス提供

□二股ソケット

当時のヒット商品に、二股ソケットがある。電灯が中心だった家屋にはコンセントがなく、電気器具の使用には電灯のソケットが利用された。1918年（大正7）創業の松下電気器具製作所（現パナソニックホールディングス）は改良アタッチメントプラグ（電化製品

図28　エリミネーター受信機
「商業界」1930年1月

時代の進化
ラヂオに電池の御使用は昔の事よ
今は御便利な
電燈線より直接聞ける
エリミネーターを
料金は僅かで電池を取換る世話もない
精々御申込下さい

図29　時代の進化にラジオ
愛知電気鉄道領収書広告
(1929年)
中部電力でんきの科学館蔵

をソケットにつなぐ接続器具)、大正9年には二股ソケット(二灯用クラスター)を発売した(図27)。二股ソケットは、電灯と電気製品を同時に使えるとして消費者から喜ばれ、創業期の同社を躍進させる原動力となった。

ラジオの普及

1925年10月、東京、大阪に次いで、名古屋でもラジオ放送が始まった。ラジオは鉱石受信機から真空管(電池)式へ、さらに直流式から交流式へと変遷した。鉱石受信機は音が小さく、ラッパを付けたり、レシーバーで聞いたりした。電池式は充電しなければならず、手間や維持費がかかった。電灯線を利用する交流式受信機(ラジオセット)はエリミネーター(電池を使用しないという意味)と呼ばれ、1930年頃に発売されると燎原の火のように普及していった(図28)。電力会社も販売・普及に力を注いだ。知多方面で電気を供給していた愛知電気鉄道の領収証裏面には「ラヂオに電池の御使用は昔の事よ、今は御便利な電燈線より直接聞けるエリミネーターを」と書かれた広告が掲載されていた(図29)。

□ラジオ塔

戦前、公園などに、ラジオの普及を目的にラジオ塔が設置されていた。ラジオ塔とはラジオ受信機を収めた塔で、正式には常設公衆受信機と呼ばれた。1930年に大阪で初めて設置され、戦時中は国の重要事項を国民に聴取させるために拡大し、全国で450カ所以上設置された。名古屋市内では、中村公園、志賀公園(図30)、松陰公園の3カ所に遺構が残っている。上部に置いたスピーカーからラジ

図30　志賀公園に残るラジオ塔

図31　活かせ電力興亜の力　「産業之日本」1943年5月

図32　漏れた一灯敵機を招く
「防空図解」第二輯　国立公文書館蔵

オ放送が流れ、住民が体操をしたり、スポーツ中継を聞いたりした。

電気節約と灯火管制

1937年7月に日中戦争が勃発すると戦時経済体制へと向かう。モダンな洋風文化は贅沢だと否定され、電気は軍需産業中心に供給され、一般の電気使用は節減が求められた。当初は、節約型の電気機器の推奨もおこなわれたりしたが、戦局が進むにつれ、それもおこなわれなくなった。中部配電では「活かせ電力 興亜の力」と広告を載せ、電気は軍需向け優先に割り当てられた（図31）。節電は電力会社だけでなく、国民的運動として、官民挙げて進められた。

□灯火管制

1937年4月には防空法が公布され、敵機による夜間空襲や夜間砲撃の目標となるのを防ぐため、「灯火管制」が実施された。「空襲は　空と心の　隙間から」「洩れた一燈　敵機を招く」などの標語がつくられた（図32）。こうしたなかで、商工会議所では、暗幕を施して商売が続けられるような工夫もおこなっている。電力節減が声高に叫ばれ、電気利用の拡大を目指す電気広告も姿を消していった。

むすび

これまで、戦前名古屋の電灯電力会社の広報宣伝活動を通して、都市電化や家庭電化の普及状況を見てきた。電灯会社は電灯の効用を盛んに広告し、電気料金の値下げと相まって大正の終わりには一般家庭にほぼ行き渡り、石油ランプやガス灯は照明市場から駆逐されていった。その後電気会社は街づくりや家庭電化の広告に力を入れるようになり、また電気普及館の設置、汎太平洋平和博など各種イベントを活用した普及活動をおこなった。昭和期には扇風機、アイロン・電気コタツなど電熱器具やラジオを中心に、モダン都市と家庭電化の時代が拓けようとしていた。しかし日中戦争が始まると戦時経済体制へと向かい、街からネオンが消え、電気製品の多くが姿を消した。家庭電化の本格的普及は戦後に持ちこされたのである。

明粧
夜の名古屋

『明粧　夜の名古屋』東邦電力株式会社名古屋支店（1937 年、大門屋蔵）を若干縮小して復刻する。巻末には写真説明があるが、ここでは省いた。

街のネオン

1

點滅廻轉式
町會ネオン

中區門前町四、五丁目

2 大須門前

ネオン大提燈と軒飾燈

3

萬松寺通り入口

アーチと軒飾燈

4 萬松寺新天地

大珠寶ネオンアーチ

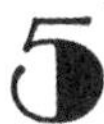

大須北口

ネオンアーチ

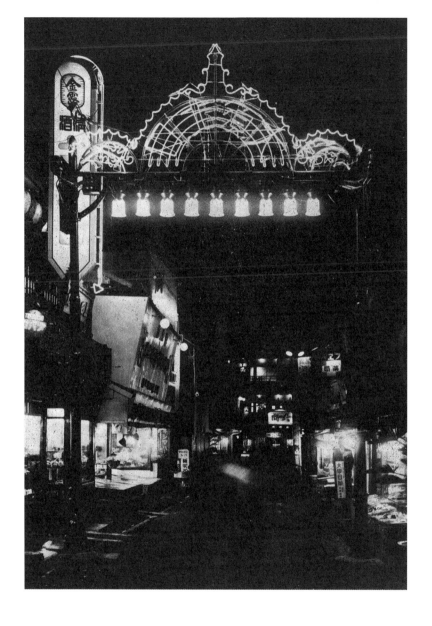

6 金澤町入口
アーチと軒飾燈

7　東陽町五丁目アーチと軒飾燈

廣小路通リ歩道アーチ

9

雁道通リ町會ネオン

10 大須淺間通リ
御神燈型ネオン

11

八幡

ネオンアーチ

12

圓頓寺筋アーチ
町會ネオン

13 東區山田新道

町會ネオン

14　南區牛巻通リ
町會ネオン

電氣サイン

15 電氣普及館、電飾とサイン
中區廣小路通り

16　カフエー　コロムビヤ

中區廣小路通り

17　カフエー　ナガタ

中區廣小路通り

18 名古屋觀光ホテル
中區廣小路通り

19　アサヒビヤホール

（時間を一分毎に示す）

20　花王石鹸（點滅式）

中區廣小路通り本町角

先づ
チューブから
歯磨を出して
ブラッシユに
つける
→

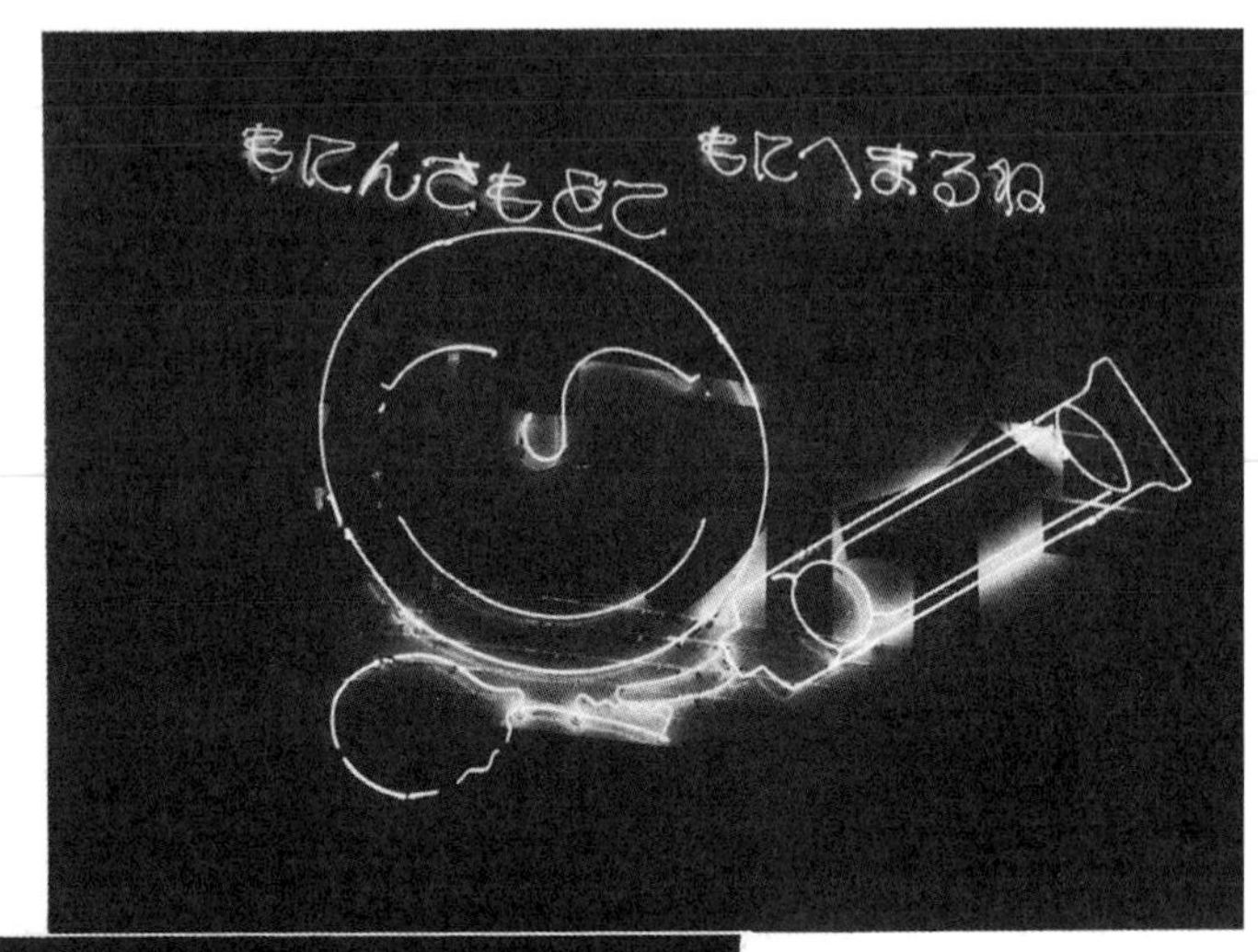

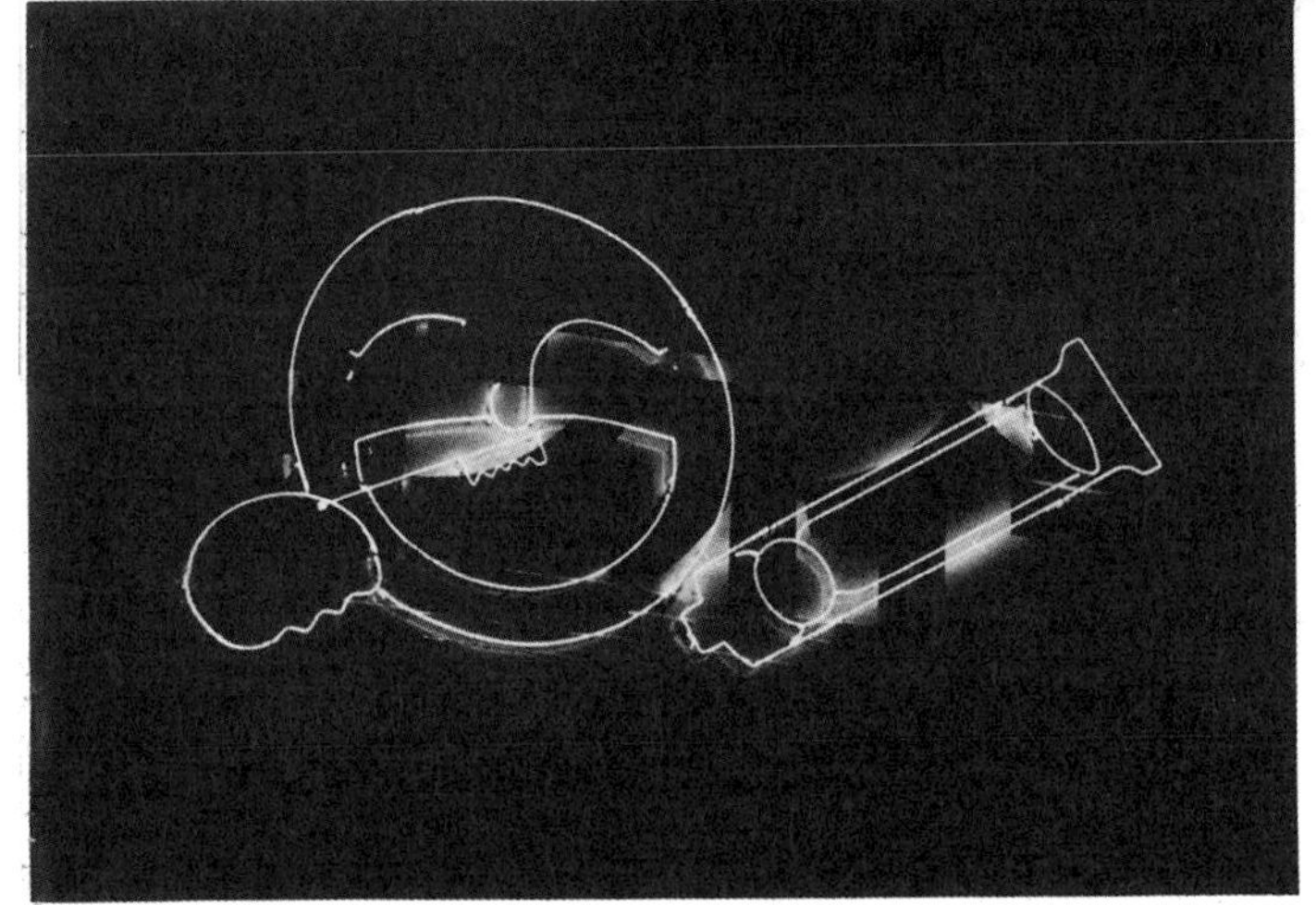

↑ **歯ブラッシユ**を上下に動かして
好く磨く

21 ライオン齒磨

中區廣小路通り本町角

22

ライオン歯磨
廣告塔

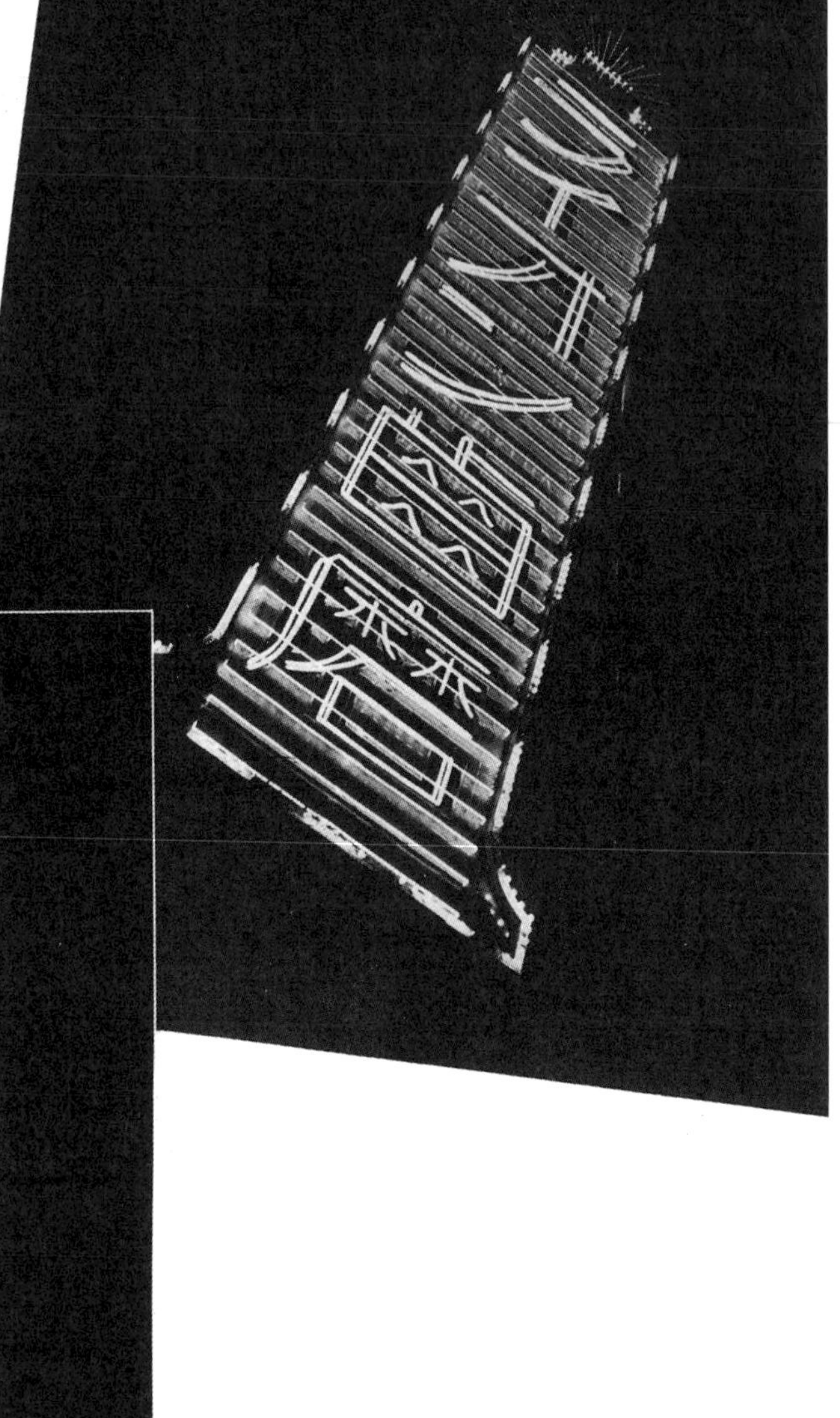

23 森永廣告塔
西區櫻通り、泥江橋角

外郭照明

24 名古屋市廳舍
西區南外堀町

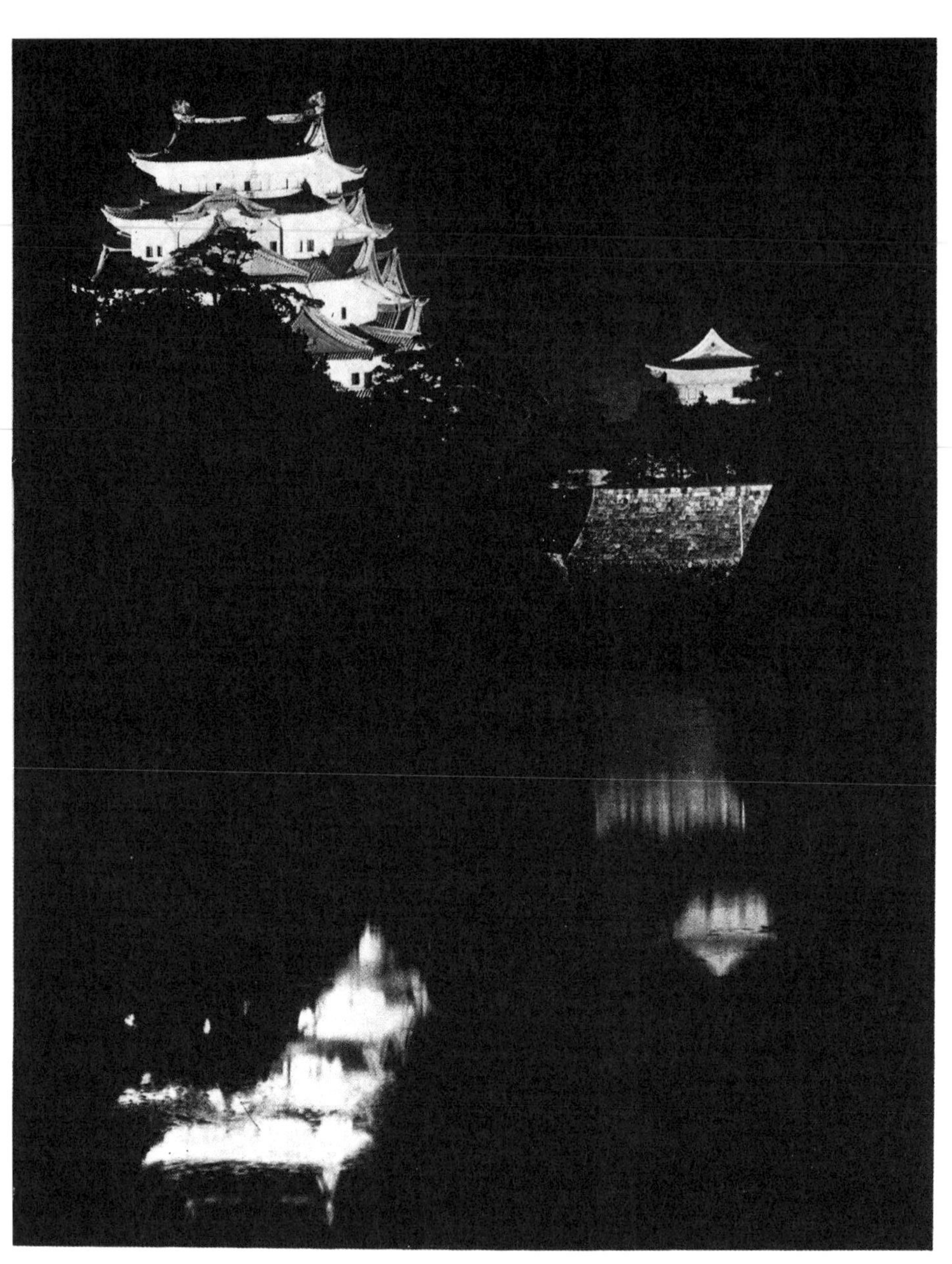

25　名古屋城

26　名古屋商工會議所

中區大池町

27 十一屋

中區廣小路通り

28 福壽生命ビルヂング
中區南大津町

29 榮屋と廣小路通り

30 松 坂 屋

中區南大津町

31 鶴舞公園噴水塔

航空燈臺 ―名古屋新聞社―

振甫プール

33

正 面 玄 關

名古屋駅

降 車 口

玄關廣場よりコンコースを望む

34 明るさ東洋一の

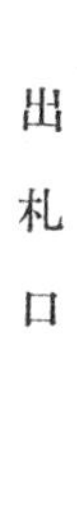

出札口

35　相應寺　東郊覺王山

36　中村花街

中村花街

37 名古屋驛前、櫻通リ

街路照明

38 中區大池町

39

中區鐵砲町、末廣町

40

東區大曾根大通り

中 區 新 榮 町

41

中區鐵砲町、御幸本町

42

43

東區仲田本通り

44 中區金澤町、蛭子町

45 南區牛卷通り

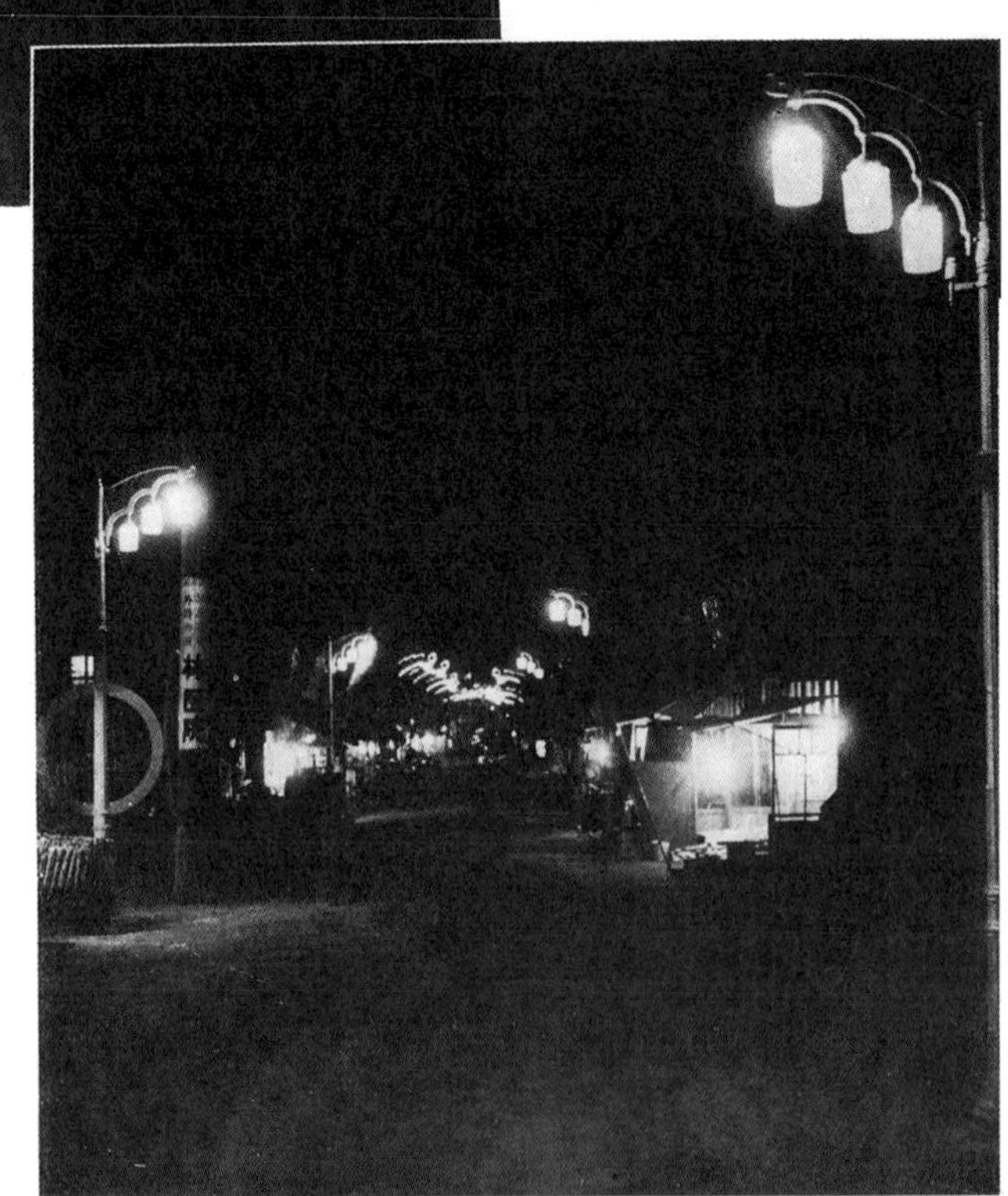

昭和十二年四月二十五日印刷
昭和十二年四月二十七日發行

編輯兼發行者　名古屋市中區西松枝町一番地
東邦電力株式會社名古屋支店
國司經夫

印刷者　名古屋市中區松枝町一丁目四番地
村瀨周右工門

II

遊興地名古屋の風景

幻の八事遊園地

郊外開発の夢

文／富屋 均

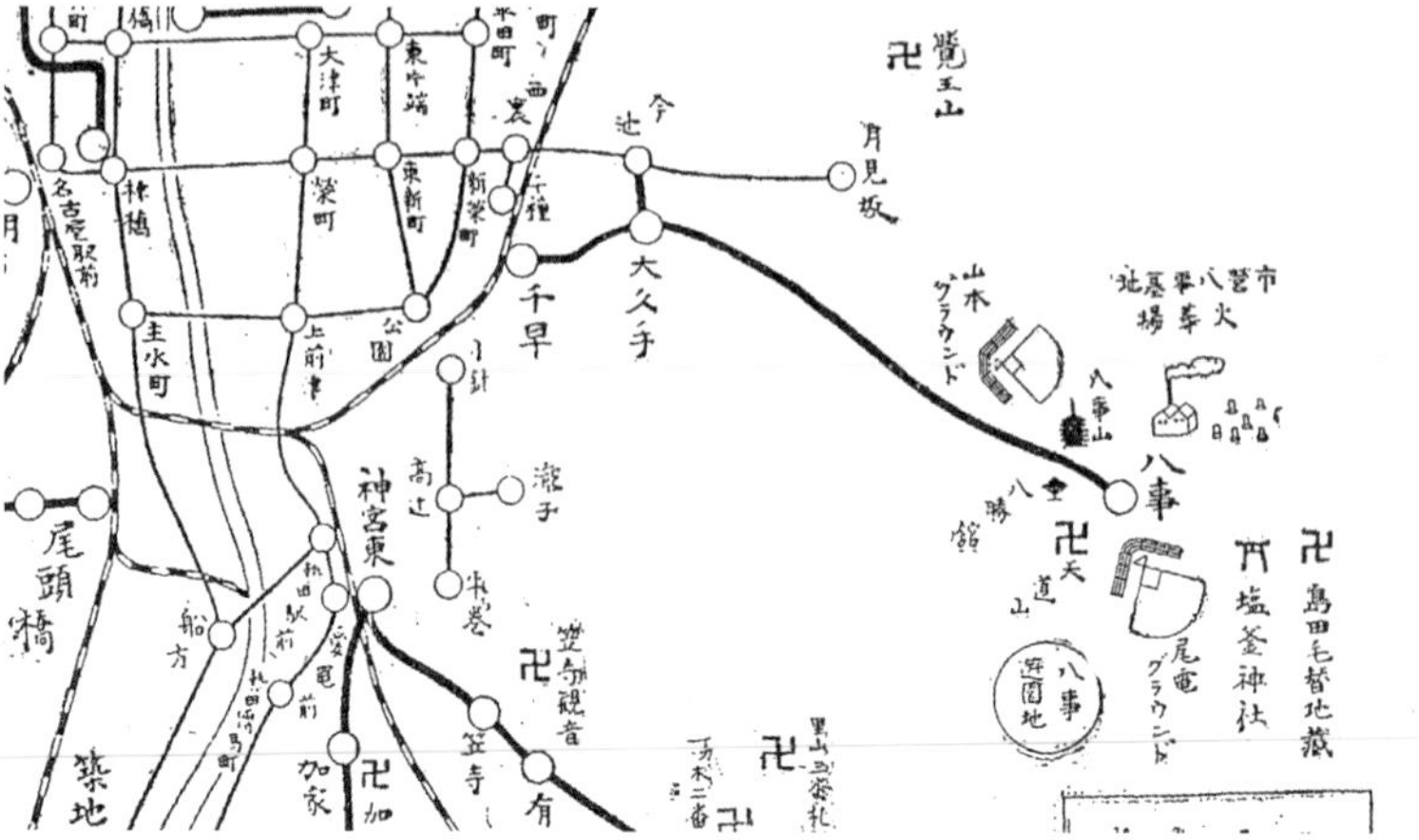

名古屋電車大観の図（部分）に見る八事の郊外施設群
この図には４カ所の寺社仏閣、二つの野球場、一つの遊園地と高級料理旅館、それに出来たばかりの火葬場が描かれており、郊外施設の集積ぶりがわかる。
（「名古屋新聞」1925年１月15日）

１９３７年（昭和12）の愛知県の調査では、名古屋の郊外だった八事方面には、四つの遊園地があったという。その中で最古の八事遊園地は１９１２年（大正元）にできてから25年以上経過し、その役割を終わろうとしていた。

八事は江戸時代から東山とも呼ばれ、八事山興正寺や天道山高照寺のある名古屋郊外の行楽地で、春早いツツジの時期には多くの市民が「山行き」を楽しんだ。

ここで、明治の終わりから大正にかけて、電鉄会社による遊園地づくりの試みがなされた。関西では、阪急が箕面や宝塚等に温泉を開き、動物園や植物園、遊園地、劇場をつくったように、名古屋でも同時期に小規模だが、よく似た現象が起きていた。明治末に尾張電気軌道を起こし路面電車を敷いて遊園地を開いたのは、投資家の江口理三郎で、八事開発に熱心だった愛知郡長の笹原辰太郎等と一緒に阪急の箕面を見学に行った。初期の絵葉書や新聞では池畔に温泉場を予定しており、お茶売り山には公会堂の建設も検討されていた。京都の嵐山がモデルだとの記事もある。１９１２年（大正元）には、名勝の保全と地域の繁栄を目的とした八事保勝会が周辺町村が参加して設立され、遊園地入り口部分に保勝会事務所が設けられた。

遊園地の位置

遊園地といっても、柵で囲まれた有料区域があるわけではなかった。１９１２年（大正元）の新聞では面積５万坪（16・5ha）と紹介

八事遊園地（八事の滝）
1914年6月新聞各紙に掲載
された写真と同じ絵葉書

されている。また、従来明確でなかった遊園地の範囲だが、1913年の新聞にはここの見取図が掲載されており、その後の地図と比べながらその範囲を見てみる（次ページ参照）。路面電車の終点電停に近い高照寺の東側には最初は植物園があって、その南の谷に添って猿舎、売店、運動場等の主たる施設があった。これらは時を経るごとに徐々に変わっていっている。

谷の東側の山は「御霊山」と名づけられ、1912年5月には付近の山々に八十八ヶ所に弘法大師像を設置した。いわゆる「新四国」のミニチュア版である。ここは5万坪のエリアには入っていないようで、現在の住所は天白区表山一丁目である。現在ここに含まれる主要施設のあった谷部の2ブロックは当時字遊園地と呼ばれたが、遊園地の実態がなくなった後もそのまま住所表記が残り、平成初めまでバス停名は八事遊園地だった。また、「お茶売り山」は現在瑞穂区弥富町円山の南寄り部分である。

動植物園による誘客

動物園的施設としては小動物舎を設け、熊、鹿、猿等を飼育し、家禽舎もつくり鳥類を放し飼いにした。植物園的施設は高照寺の東側に温室や花壇をつくりかけたが上手くいかなかったようで、しばらくの間、牡丹園だった。また上池のところに菖蒲園をつくった。開花時期には新聞広告を出して誘客を図った。

八事の滝

1914年（大正3）初夏、御霊山の麓に岐阜県の釜戸から千貫（3・75t）クラスの巨石を運んで、高さ6m以上の人工滝をつくり「八事の滝」と名づけ、夏場の集客の目玉とした。滝壷の付近に深さ12mほどの井戸を掘り電動式で水を揚げた。夕涼みの夜間客用に各所に照明も設置された。しかし名古屋市水道課は大口使用者に水道水の廉売を始め、1918年夏には市内矢場町にこの水を用いた遊泳場が出来、立派な滝もつくられたので、この頃から電車賃のいる八事の滝は敬遠されはじめ、市内で類似施設が各所にできると、滝はすたれてしまった。

初期と中後期の一番大きな変化は、植物園・牡丹園が野球場になり、八事の滝は廃止されたことである。

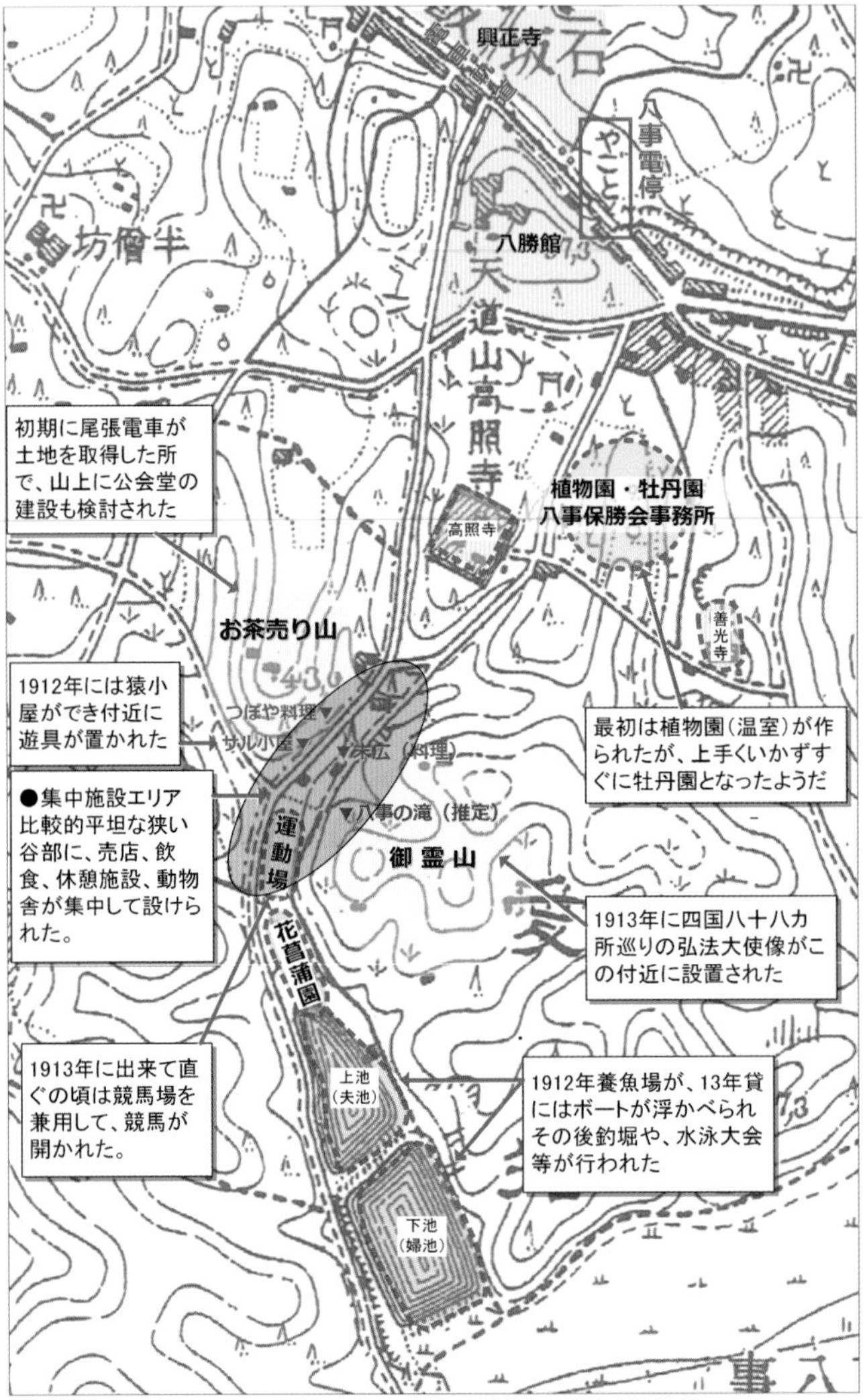

興正寺
八事電停
やごと
八勝館
天道山高照寺
植物園・牡丹園
八事保勝会事務所
高照寺
善光寺
お茶売り山
つぼや料理
サル小屋
末広（料理）
八事の滝（推定）
運動場
御霊山
花菖蒲園
上池（夫池）
下池（婦池）

初期に尾張電車が土地を取得した所で、山上に公会堂の建設も検討された

1912年には猿小屋ができ付近に遊具が置かれた

●集中施設エリア
比較的平坦な狭い谷部に、売店、飲食、休憩施設、動物舎が集中して設けられた。

1913年に出来て直ぐの頃は競馬場を兼用して、競馬が開かれた。

最初は植物園（温室）が作られたが、上手くいかずすぐに牡丹園となったようだ

1913年に四国八十八カ所巡りの弘法大使像がこの付近に設置された

1912年養魚場が、13年頃にはボートが浮かべられその後釣堀や、水泳大会等が行われた

大正初期　1/25,000地形図(1923年)名古屋近傍9号「名古屋南部」 より

競馬場・運動場

1915年（大正4）5月には新設なったグラウンドで、新聞社との共催で競馬が開催され、多くの人を集めた。秋にも競馬が開かれた。しかし、その前から運動場はあったようだ。ここでは企業や団体の運動会がたびたび開かれており、絵葉書が多数残っている。

多くの会社などの運動会が開かれた八事遊園地運動場
後ろに見える「お茶売り山」には休憩所らしきものが6、7棟確認できる。（1930年ごろの絵葉書　名古屋逓信講習所秋季陸上運動会〔千米スタート〕）

スケート場約二五坪、猿小屋一、回轉椅子一、ブランコ三、スベリ台一、大山スベリ台一、遊動圓木一、シーソー一、野外演藝場一、池泉二、其他料理店、賣店

1933年に出来た船見山遊園地の施設概要（1937）

興正寺
八事電停
八勝館
船見山遊園地
1924年に尾電グラウンドと呼ばれる野球場となった
野球場
高照寺
善光寺
お茶売り山
サル小屋
400mトラック企業や組合、学校などの運動会、陸上競技会が多く開催
御霊山
日光院には現在も30体以上の弘法大使像が移設されて残っている。
1975年頃まで住所が「字遊園地」だった場所（現在は表山一丁目）
児童園
ボート乗場
長命稲荷
上池
下池

猿小屋一、賣店三、スベリ台一、ブランコ一、四百米トラツク、溜池一、ボートハウス一

八事遊園地施設概要（1937）

昭和初期　1/10,000地形図(1939年)名古屋近傍1号「東山」及び3号「八事」より

野球場・ほか

1924年（大正13）3月には、牡丹園だったところに野球場の建設が始まり、7月22日には朝日新聞主催の東海野球大会で、最初の試合がおこなわれた。2千人収容で一部観覧席はあったが、バックネットも外野フェンスもなく、非常に使いづらいもので、その後はじり貧だった。

他にもこの遊園地では、ボート乗り場や、第三師団軍楽隊による洋楽演奏、西川流による舞踊、活動写真、魚釣り、水泳大会、納涼会、松茸狩り等々で集客を図ったが、「八事電車」の乗客数は思うように伸びず、1937年（昭和12）には電鉄事業は名古屋市に売却された。

八事遊園地グラウンド（野球場のこと）
（名古屋市編『名古屋』〔1927年〕）

名古屋市営動物園の移転

鶴舞から東山へ

文／富屋 均

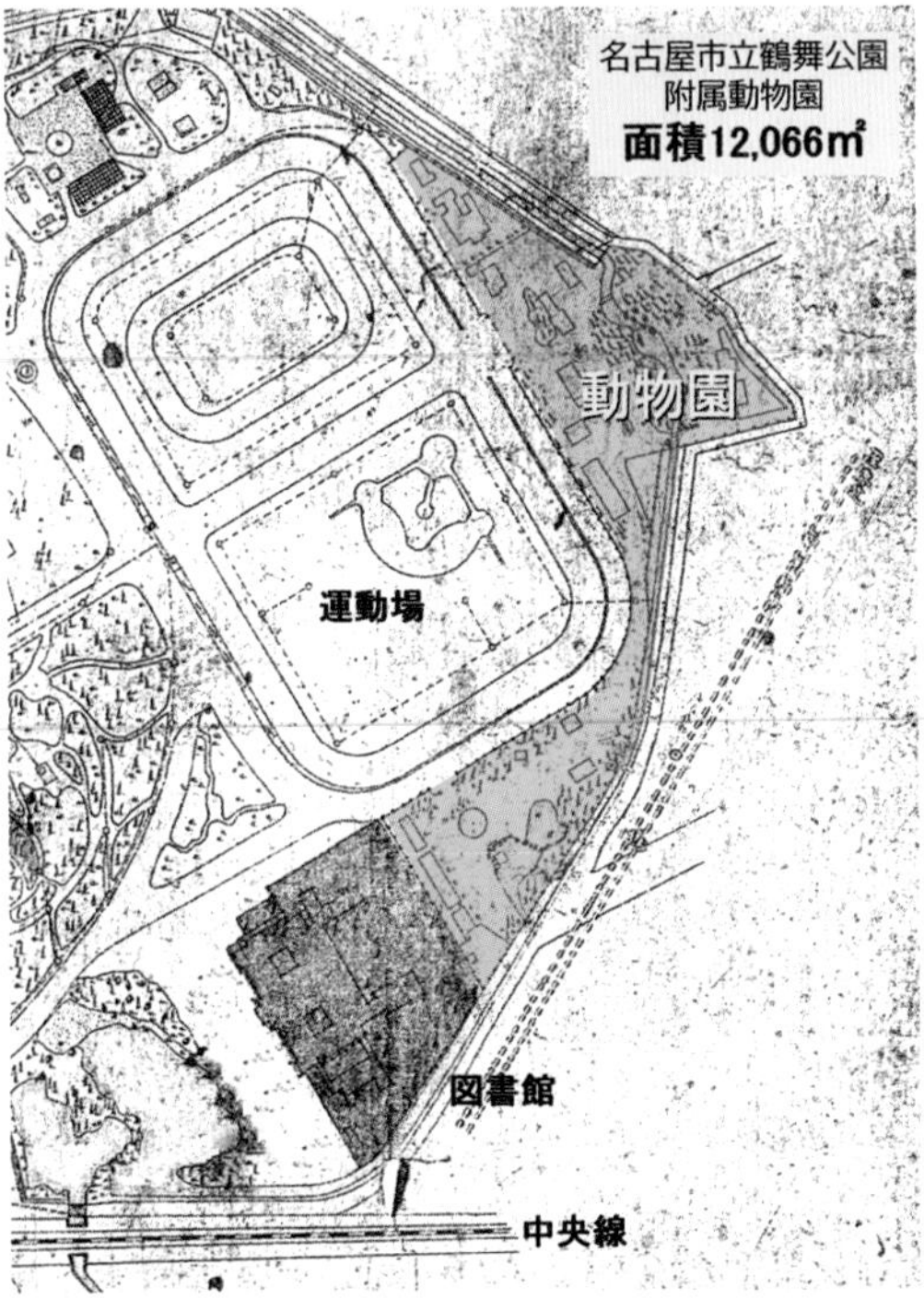

左の平面図は1919年頃鶴舞公園実測平面図S=1：1200の部分。

1918年（大正7）に鶴舞公園内にできた名古屋市営の動物園は、最初の年から50万人が訪れて大混雑していた。公園の計画当初から動物園の設置計画はあったのだが、市債の返却に追われてあまりにもお金のない時代だったので、多額の管理費を要する動物園は後回しにされ、実際に設置が決まった時には、グラウンド造成時に一度は木を植えた南東側の外周の植込み1・2haしか空いていなくて、ここに無理やり動物園をはめ込んだ形となった。そのため拡張の余地はまるでなかった。年を経て、内容が充実し展示動物が増えると、客の居場所はいっそう減って混雑に拍車がかかり、誰が見ても移転・拡張は避けられない状況になっていた。

最初の移転案

1927年（昭和2）8月、市長が大岩勇夫に代わると、12月に園長に就任した北王英一は動物園移転の場所探しを命じられ、

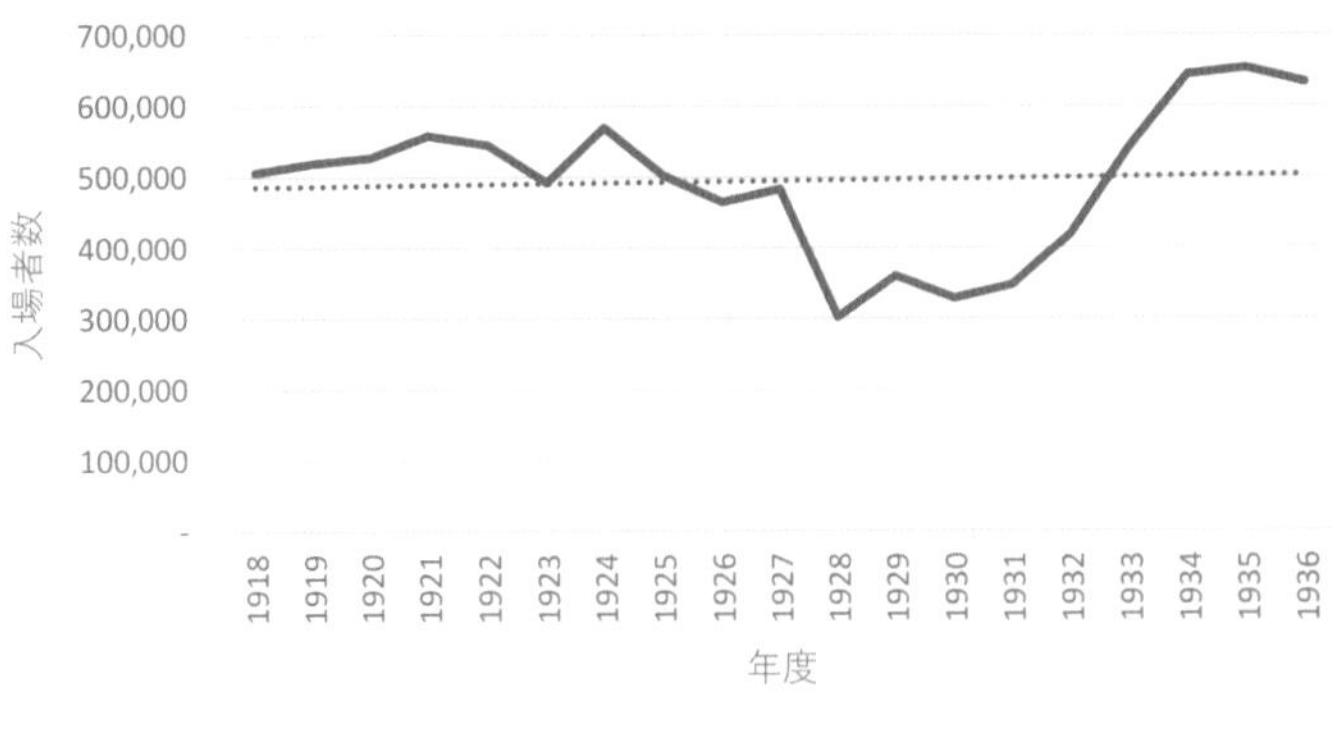

鶴舞公園時代の有料入園者数の推移

1928年度は御大典博覧会が開かれて、動物園は会場に取り込まれたので、期間中の有料入場者数はカウントされていない。その後数年も利用者が少ないが、博覧会復旧の遅れが影響していると考えられる。

上池堤防から。動物園の外周壁となるトウカエデの道（内部的には一号線と呼ぶ）が完成し、上池周りも整備され、1935年4月には公園の一部が開園となった。動物園となる部分は水田が作止めされ、これから地ならしが始まろうとしていた。
名古屋市東山動植物園提供

翌1928年の2月の議会で、予算案として山崎川の檀渓橋の山側5haへの移転を提案した。この案は誰からか用地の提供を受けていて、主に整備費だけが計上されていたが、反対運動も起きかけて、いとも簡単に否決された。その反省からか、その後は役所の内部で慎重に作業が進められたようだ。

北王園長が東山の地を初めて見たのは回顧談等から1929年春で、元助役で当時田代耕地整理組合長だった安藤七郎が案内した。その後北王は、市長と一緒に現地を見に行って、その足でキーマンとなる大地主を訪ね、用地についてのやり取りを交わしたようだ。

1931年秋には、大阪市で地下鉄御堂筋線の工事現場の所長だった花井又太郎を土木部長として迎えた。そして、花井の旧職場から天王寺で動・植物園の整備を進めていた椎原公園課長、林動物園長、衣笠公園係長を呼んで、秘密裏に動植物園の中身や候補地等の選択が研究されたという。この時、候補地としては猫ヶ洞池、新池周辺、そして現在の地の3案があったようだ。

1932年春には、東邦瓦斯社長の岡本桜が市長を訪ね、5月に満期を迎える報償契約の改定につき、そのお礼として、植物園建設費として25万円を寄付する方向で協議が始まり、11月には議会で承認された。すぐさま東山の地を動植物園として整備する方針が示され、元から用地寄付の意向を示していた水野鐘三氏を中心に、寄付の交渉も正式に始まった。

ハーゲンベックとの出会い

東山動物園の展示形式はよく無柵放養式と言われるが、モデルとした動物園がドイツのハーゲン

第二回動物祭ステージ前の混雑（1933年春）
名古屋市東山動植物園提供

1934 年 5 月、第 3 回動物祭時の混雑

左手先のステージ前に群がる人々。獣舎の上には恐竜の書割の絵を展示。この構図がその後コンクリート像で東山動物園で実現された。

1933 年秋の世界動物探検博で展示された模型。右手はライオン放養場に近いものだが、白熊舎であって前面はモート（濠）へ降りていけるよう岩の急斜面になっている。白熊の模型が置いてあり、白熊舎の木札も立ててある。
名古屋市東山動植物園提供

1933 年 5 月 6 日撮影（推定）、サーカスの名古屋公演を翌月に控え、鶴舞の動物園を表敬訪問したハーゲンベックサーカス団の一行と北王園長及び動物園スタッフ。左から 4 人目がハーゲンベック園長。5 人目が北王英一。この頃、東山でのライオン舎の濠の幅を確認したり、随行していた技師に平面図を描いてもらった。名古屋市東山動植物園提供

8月末にハーゲンベック動物園からやってきたチンパンジー「八郎」が三輪車に乗って通る。手狭な鶴舞の動物園は始終混雑していた。
（1933年10月、世界動物探検博時）名古屋市東山動植物園提供

ベック動物園である。完成度の高いパノラマ展示で世界的名声を博していた同園を、北王は早くから研究していたようで、新動物園の構想の片鱗は、1932年（昭和7）から5年間続けられた「動物祭」等の展示で示されていた。

1933年にはここのサーカス団が日本に来て各地で公演をおこなった。名古屋公演は空地だった現愛知県庁の場所でおこなわれ、大テント村がつくられた。東京芝浦の公演を終えて、専用列車で名古屋駅に着いて、そこから会場まで象5頭を筆頭にシマウマをはじめ多くの草食動物による大行進がおこなわれ、壮大なスケールと多様な動物に市民は熱狂し、公演も連日満員御礼となった。

巡業に先立ち公会堂では「講演と画の夕べ」が開かれ、北王はそこで前座を務め、ハーゲンベックの偉大さを世界無比と称賛した。北王はハーゲンベックとの直接の出会いによって、より推進力を得て、構想の立案が加速する。鶴舞の動物園を表敬訪問した団長や技術者と直接話し合い、1933年5月の段階で、すでにあのライオン舎の濠の幅まで決めていたのである。

ハーゲンベックはまた動物商でもあり、明治期から日本の動物園はここから多くの動物を入手してきた。名古屋も1929年にはシロクマを購入したが、サーカスの巡業は移動する実演販売的性格も持っていて、名古屋はサーカスで活躍したシマウマを買い取ったし、開園時にも大量の動物を購入したのだった。

動物園の移転

名古屋市は1935年（昭和10）11月、満を持して移転計画を発表した。それまで市長は議会等で話が出るたびに真っ向からでなく、はぐらかすように否定してきたし、公園の計画図でも動物園部分だけ白紙状態が続いていた。発

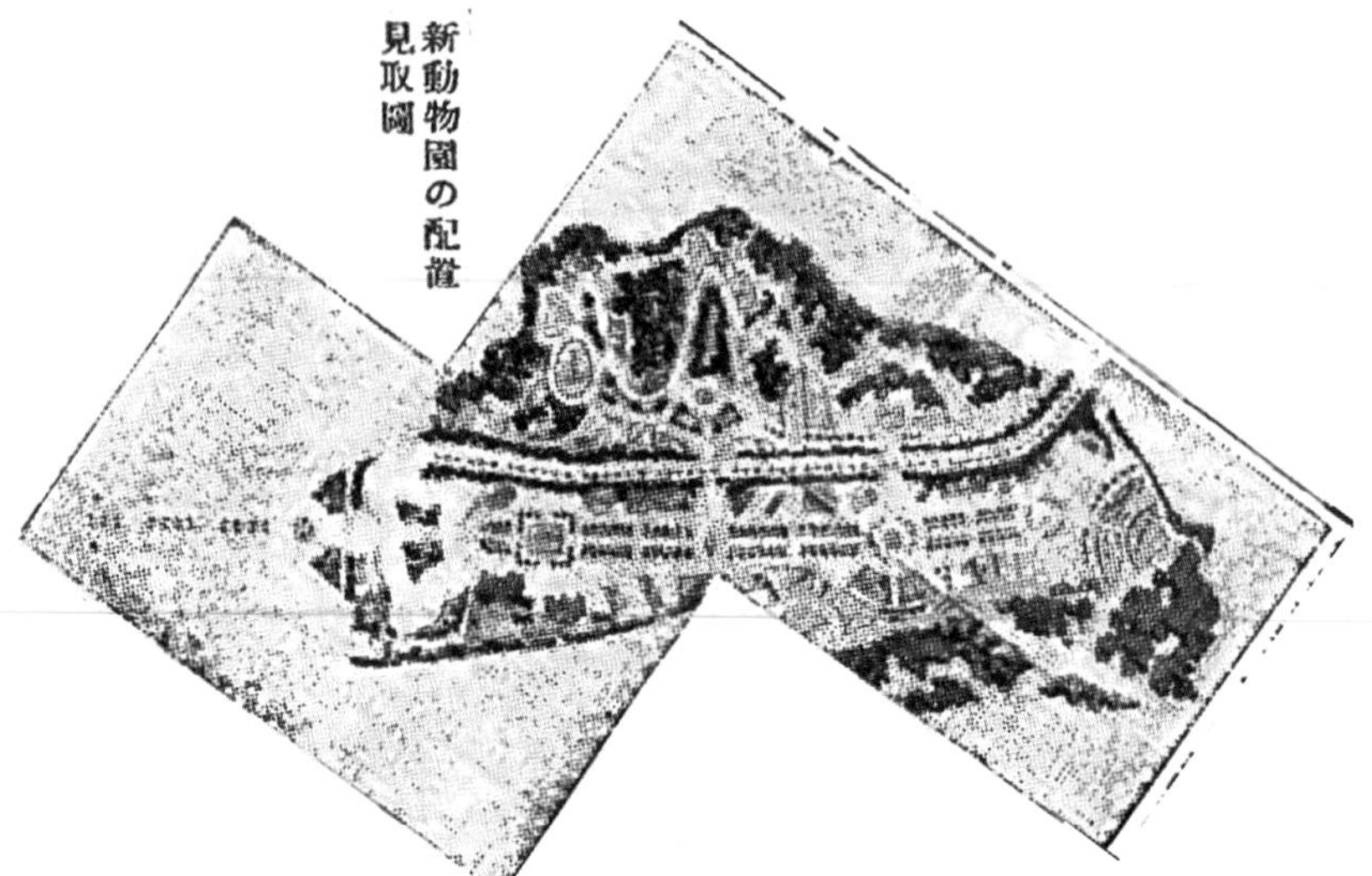

最も古い東山動物園計画図　新聞によれば土木部建築課によって作製され、東山公園施設臨時調査委員会にかけられ承認された図であるが、現存しない。
北園が広く、現・噴水塔の場に大水禽（フライングゲージ）、大水禽の場所にペンギン島がある模様。（「名古屋毎日新聞」1935年10月26日）

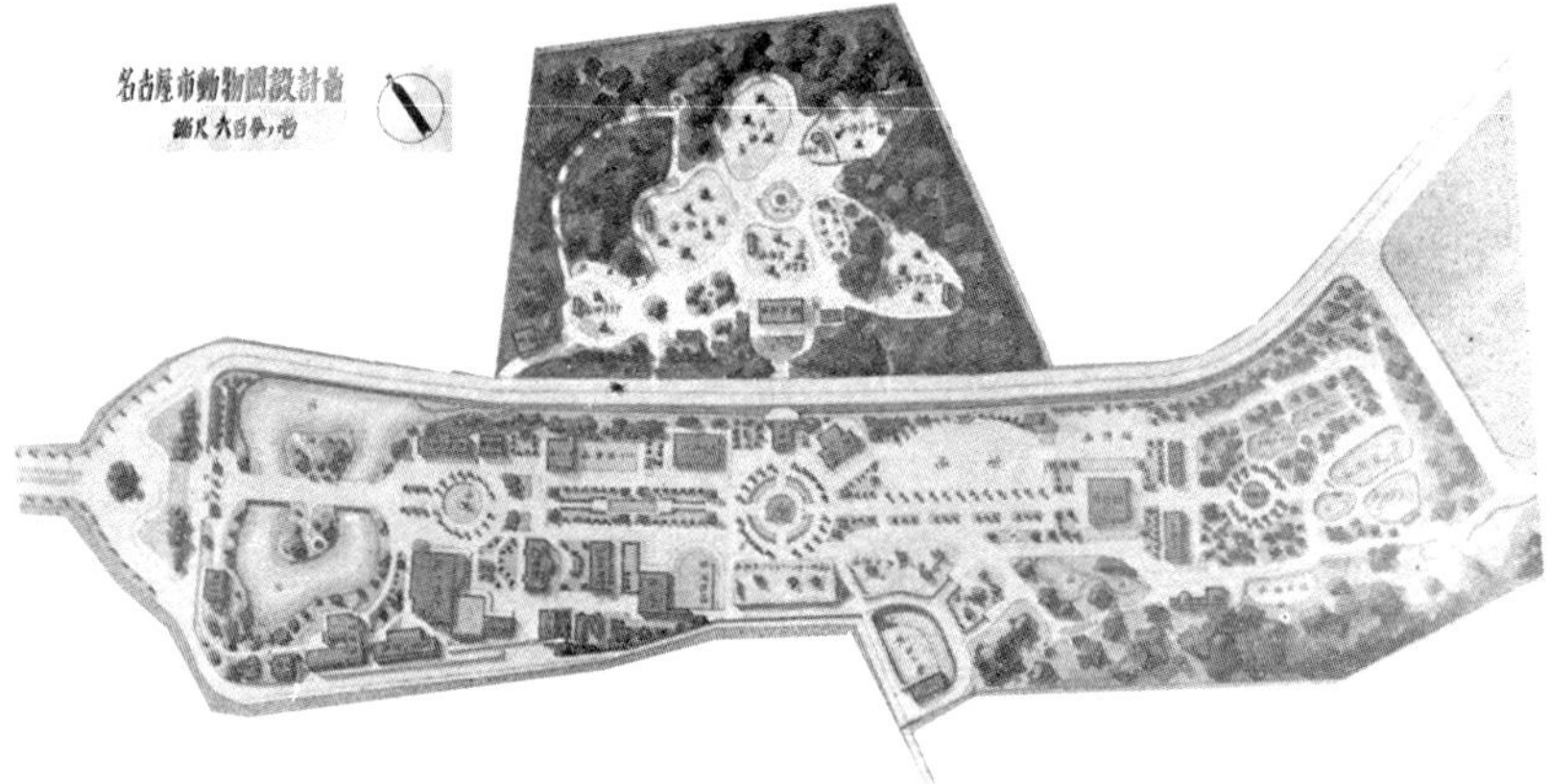

名古屋市動物園設計図　S＝1：600を加工
実際にできあがったものに近いが、つくられていない施設や形状の違う施設も見られる。1936年12月以前に描かれた鳥瞰図の元になった平面図で、工事発注前の1936年6月以前に作製と考えられる。（「公園緑地」第5号、1937年5月発行の口絵から）

表翌日の新聞各紙の計画図や説明を見ると、実際にできたものより広く、獣舎の数も多かったが、そこから予算や工期をにらみながら絞り込んで実施設計を進め、翌1936年7月に着工し、37年3月、汎太平洋博に合わせて面積17ha弱の東洋一を誇る大動物園が開園した。

なお、動物園の移転で鶴舞公園への来園者が一挙に減ることを心配した地元商店街が、大金を用意して中央線の鶴舞駅を誘致したが、運行本数も限られ、焼け石に水であった。

繁栄から凋落へ

八重垣劇場の歴史

文／小林貞弘

図1　八重垣劇場外観

「優秀」と「気品」

八重垣劇場は、1930年（昭和5）10月15日に、名古屋初の「真の映画劇場」として、西区南外堀町（現在の中区丸の内2丁目）で開場した。地下1階、地上2階、スパニッシュ様式の鉄筋鉄骨コンクリート造で、延べ286坪の建物だった。設計は、竹中工務店の城戸武男によった（図1）。

松坂屋を株式会社化した初代社長・伊藤祐民（すけたみ）をはじめ、三大豪商の一つ関戸家、岡谷鋼鉄の岡谷家、老舗繊維商社滝兵商店の滝兵などの名古屋財界名士によって建設された。

八重垣劇場が発行した「八重垣劇場週報第一号」には次のような巻頭言が掲載された。

堅実なる基礎の上に聳ゆる映画の実験室

飽迄も完璧の「優秀」と、飽迄高雅なる「気品」とを持つ、そして完全な「映画劇場」の実現の為めに、八重垣劇場は生れました。

八重垣劇場は、徒らに荘厳を誇るものではありません。そして座席の数、建物の巨大を誇るものではありません。

而し、真の「映画劇場」の目的を果すためには眼には見えない、つまり技術的設備に於て左の如く名古屋の映画館にないものが沢山あります。

一、ウエスターン・エレクトリック発声装置。我が国では六番目に取付けられた装置です

二、ウエスターン・エレクトリック無声映画伴奏装置WE式発声装置を有する映画館以外には絶対にないもの

三、ピアレス型シムプレックス映写機。シンプレックス映写機はあってもピアレス型は何処にもありません

四、シーリス・ツー（レンズ）東京の邦楽座が最近に至って漸く取付けたもの

五、米国バッファロー会社製シコロ型排気ファン（換気装置）場内の汚い空気を絶えず吸ひ取って新しい空気に換へます（動力四馬力）

六、米国アメリカン・ラヂエー

図2　八重垣劇場の喫茶店

図3　八重垣劇場のW.E式トーキー装置

ター会社製暖房用汽灌

この結果は映画の生命である映像は明かるくそして立体的な深味が伴ひ、発声映画の原音再生は百パーセント正確であります。

どうか、日本最初の、そして名古屋にこの「真の映画劇場」の為めに御声援下さいますよう偏へにお願い致します。

荘厳な外観、最新鋭の設備、喫茶店も備えており、電話で予約することも可能な特別階上席（昼間は1円、夜間は1円20銭）も設けれていた（図2、3）。広小路には八重垣劇場の出張案内所（「喫茶と食事　ジャポン」）が設けられた。

ヨーロッパの名画を上映

開館一週目のプログラムは、「1林檎の木蔭」「2パラマウント・発聲ニュース」「3ノアのアコ箱」「4米國の顔」「5漫談（松井翠聲・徳川夢聲・大辻四郎の交替出演による）」「6パラマウン

図4　開場を告げるポスター　東邦学園下出文庫蔵

ト・オン・パレード」であった。開場を告げるポスターの意匠は、プログラムの目玉である「パラマウント・オン・パレード」から着想を得たと思われる（図4）。

名古屋における映画史研究家・映画評論家の草分け的存在の一人である伊藤紫英は、八重垣劇場を「孤島」に喩えた。八重垣劇場は、大須や広小路通から離れたところに位置し、ヨーロッパの名作映画を独占的に上映したことで、財界の名士をはじめ、若いサラリーマンや学生等のインテリ層を取り込んでいった（図5、6）。

　戦時中に施行された映画法によって、八重垣劇場のプログラムにもニュース映画（『日本ニュー

図5　「八重垣劇場週報」第一号の表紙

八重垣劇場週報第一號

昭和五年十月十五日印刷發行
發行所　名古屋市西區南外堀町六ノ二七　株式會社　八重垣劇場
發行人　石巻眞夫
編輯人　古田亨

堅實なる基礎の上に
聳ゆる映畫の實驗室

絢爛も完璧の「優秀」さ、絢爛高雅なる「製品」さを持つ、そして完全な「映畫劇場」の實現の爲めに、八重垣劇場は生れました。

八重垣劇場は、徒らに壯麗を誇るものではありません、そして座席の數、建物の巨大を誇るものではありません。

而し、眞の「映畫劇場」の目的を果すためには眼に見えない、つまり技術的設備に於て左の如く名古屋の映畫館にないものが澤山あります
一、ウエスターン・エレクトリック發聲裝置。我が國では六番目に取付けられた裝置です
二、ウエスターン・エレクトリック無聲映畫伴奏裝置。WE式發聲裝置を有する映畫館以外には絶對にないもの
三、ヒアレス型シムプレックス映寫機。シンプレックス映寫機はあつてもヒアレス型は何處にもありません
四、シーリス・ツー（レンズ）東京の邦樂座が最近に至つて漸く取付けたもの
五、米國バッファロー會社製シロコ型排氣ファン（換氣裝置）場内の汚い空氣を絶えず吸ひ取つて新らしい空氣に換へます（動力四馬力）
六、米國アメリカン・ラヂエーター會社製暖房用汽罐
この結果は映畫の生命である映像は明かるくそして立體的な深味が伴ひ、發聲映畫の原音再生は百パーセント正確であります。

どうか、日本最初の、そして名古屋に生れたこの「眞の映畫劇場」の爲めに御聲援下さいますよう偏へにお願ひ致します

・開演・
・入場料・
・豫約・

図6　「八重垣劇場週報」第一号の表紙裏

ス』）と文化映画が加えられた。週報はペラ一枚の簡素なものになり、表紙からはアートが消え、戦意高揚を促す文言が飾られた（図7）。

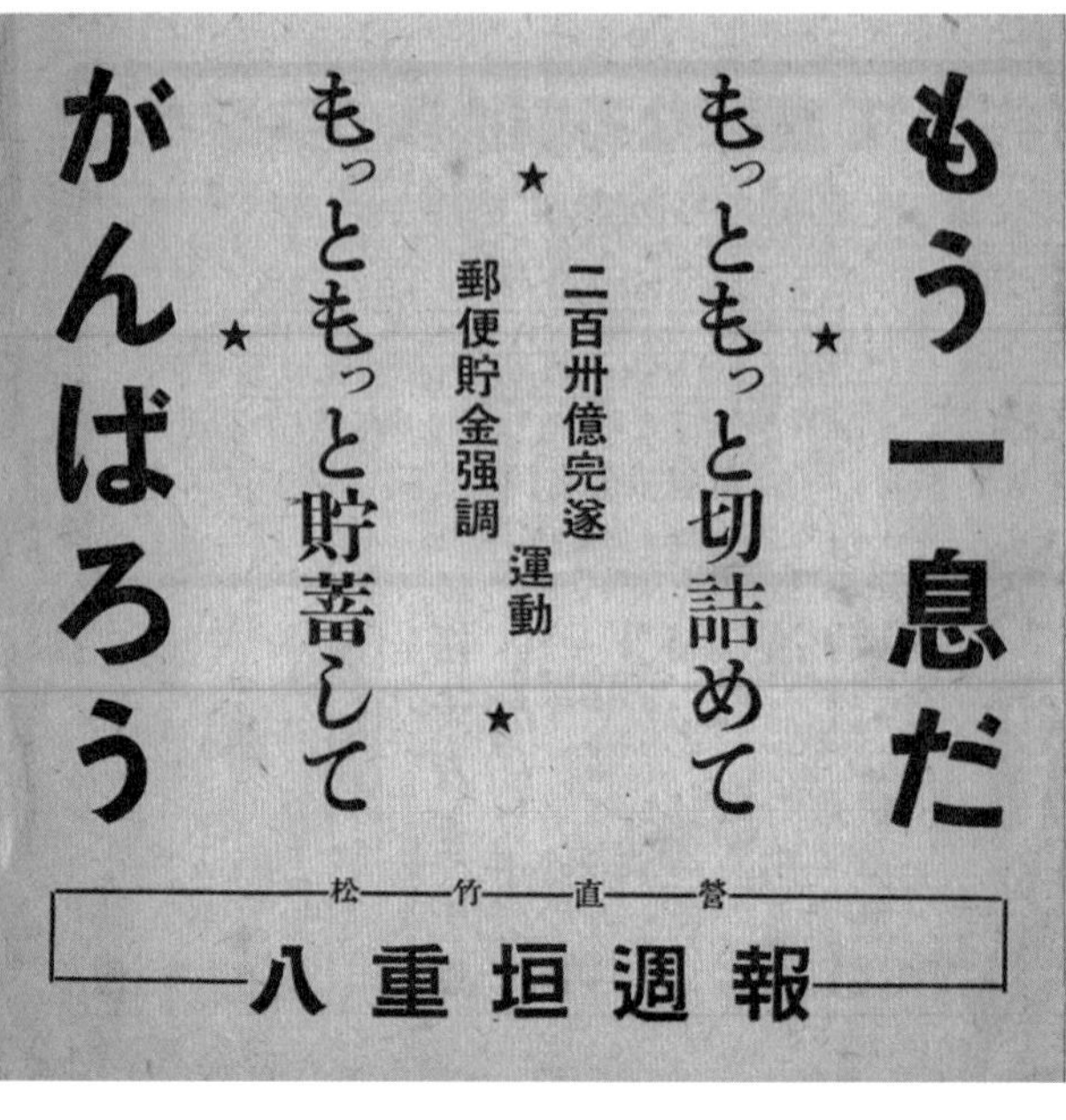

もう一息だ
もっともっと切詰めて
二百卅億完遂運動
郵便貯金強調
もっともっと貯蓄して
がんばろう
松竹直営
八重垣週報

図7 「八重垣週報」1943年2月25日版

戦後復興からも取り残される

戦災を免れた八重垣劇場は、一時アメリカ映画のロードショー館になったものの、やがて日本映画に転向した。元岐阜東宝支配人兼岐阜松竹支配人の八代嘉吉氏によると、八代氏が1957年（昭和32）10月に八重垣劇場の営業係に就任した当時、「真の映画劇場」としての八重垣劇場の面影はなく、日雇いの労働者等が客層を占め、経営状態も極めて不安定だったという。戦後の八重垣劇場は、繁華街の賑わいとは元々縁遠く、さらに、戦後復興した都市の景観からも取り残されたという意味で、まさに「孤島」だったと言えよう。

八代氏の証言を裏づけるのが、1959年（昭和34）6月13日付の「名古屋タイムズ」に掲載された「名古屋の窓口84」という記事である。

> 昭和三年の開館で、名古屋屈指の名門である。地の利ということもあろうが、その名門の肩書がかえって邪魔となって、戦後のちょう落ぶりは、往年の八重垣を知る人にとっては感慨が深かった。五〇円の低料金で邦画各社の選択上映。支配人は信念の人。文字通りの陣頭指揮でファンと親しむためには特に幕合を利用して舞台から話しかけたりする。映画を通じて文化活動にいそしむ支配人の良心経営はモデル・ケース。

八重垣劇場は1962年3月に閉館し、1985年に名古屋銀行集会所に買収され、取り壊された。閉館から解体までに20年以上かかった経緯は不明だが、結局は八重垣劇場が近代文化遺産として保存されなかったのは残念でならない。

戦前名古屋にあったレコード会社

幻のツル・アサヒレコード

文／保利 透

かつて音楽を聴くための手段として「レコード」というのが全盛だった。そのレコードを制作するレコード会社は多くが東京と大阪に集中したが、戦前の名古屋にもあったのだ。その名も鶴舞公園にちなんだツル印レコードというレーベルだ。

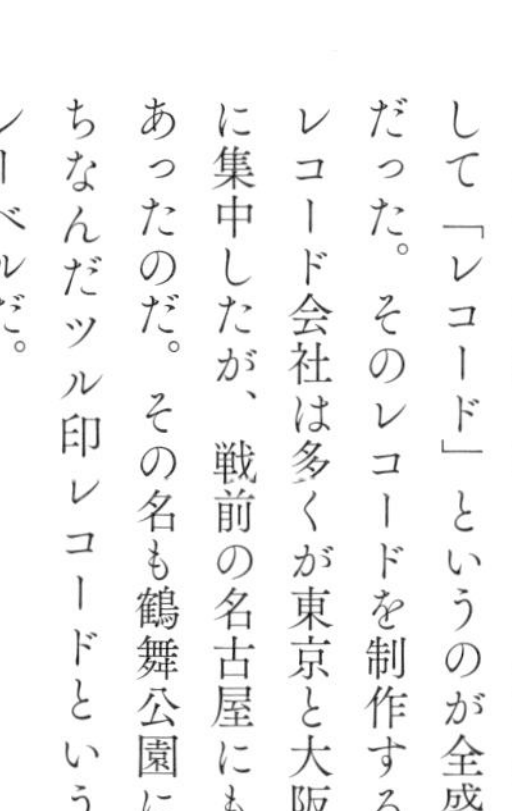

「ツルレコードマンスリィ」第13巻第6号、1934年

マイクロフォンを使った画期的な録音

関東大震災後は全国でラジオが普及しつつあった時代だが、はやくも1925年（大正14）に社団法人名古屋放送局（現・NHK名古屋放送局）が誕生した。その2年前に放送局と同じ経営者らによって設立された大和蓄音器商会がほぼ放送開始と同時にツル印のアサヒ蓄音器商会と改組し、日本で最初にマイクロフォンを使って電気録音した画期的なレコードを発売した。

有名無名の芸能人がアルバイトした

このツル印レコードは東京や大阪などの大手レコード会社とは違うユニークな点があった。まず主な録音伴奏には松坂屋少年音楽隊（現・東京フィルハーモニー交響楽団）があたった。その演奏者の多くはデパートの余興として店員などで構成されていた楽団なのだ。更に録音発売されたほとんどのレコードは大手のように特定の芸能人をレコード会社に専属させて制作したものではなく、全国から名古屋の演奏会や寄席などに出演するために立ち寄った有名無名の芸能人にアルバイト録音をさせたのだ。現在も東京や大阪で開催されるミュージカルや舞台などと同じものを御園座などで上演されてい

アサヒジャズバンド一行

「想ひ出のクリスマス」織田のぶ子

「奪ったぞ！漢口」大久良俊（近江敏郎）

「伊勢海老太郎」井上起久子・内海市郎

「サノサ節」大日本国防婦人会名芸分会

るように、新幹線のない当時の名古屋は東京と京都・大阪の中間に位置するので芸能人が立ち寄って仕事ができる便利な場所だったのだ。なかには謝礼のよいアルバイトがあるからと東京から運賃の安い夜汽車で何度も往復した芸能人もいる。おかげで一流の歌手や芸能人の録音も発売することができたのだ。

販売競争のはてに…

　こうした「いいとこどり」の発想なので小さいレコード会社かと思われるかもしれないが、販売網は全国に存在し、名古屋市東区大曽根町に存在した工場のレコード製造（プレス）機能は日本屈指の規模であって、自社製品だけでなく他社の請負製造も盛んにおこなっていた。

　しかし日中戦争が始まる直前には日本で最もレコードが売れたほどの人気があった時代が到来したが、その販売競争でのかげりを払しょくするため1936年（昭和11）にアサヒレコードと改称。だが1939年、レコード会社としては致命的な録音機の故障をしてしまった。その後は関西の中西商会というレコード問屋の資本となり、夜店などで販売する安売りレコードや社歌や校歌や記念録音などの委託制作を1940年まで続けていたが、戦争の激化により太平洋戦争が始まった1943年他の業種に転向し、ここに名古屋屈指のレコード会社は幕を閉じたのだ。

「夜のなごや」という雑誌があった

社交機関誌の発刊

文／近藤 順

「夜のなごや」表紙
画：近藤英夫

経済公論社、1930年6月、B5判30ページ

戦前名古屋のカフェー業界誌

戦前の業界誌としては1934年（昭和9）2月に東京銀座で創刊された「週刊社交新聞」。関西では「カフェー時代」「歡樂情報」「大阪カフェー新聞」があるが、業界内部ではなく一般読者を対象とした構成のカフェー関連エンタメ雑誌で、「夜のなごや」は「名古屋酒場組合」をスポンサーに主筆の伊藤世民による経済公論社の増刊として創刊された戦前名古屋のカフェー業界向けの機関誌である。

私の亡祖父が表紙のデザインをやっており、洋画家のカフェー評の執筆までしていたようだ。

巻頭、中面、巻末に多くの出稿広告があり、カフェー関連を紹介している。

「大酒場 モン・パリ」（大須ビル地階）／「赤玉酒場」（広小路、円頓寺、岐阜市）／「みやこ食堂」（鶴舞公園前）／「第一ユニオン大酒場」（東片端電停角）／「カフェー金城」（富澤町）／「大酒場サロン銀座」（新守座前）／「大酒場 キャバレー グレートユニオン」（広小路明銀地階）「改良亭本店」（中区住吉町）／「みかど食堂」（名古屋駅食堂）／「清榮軒」（鶴舞公園前）／「名古屋全市食堂組合」「名古屋酒場組合」「東海配膳會」「金陽軒」（東区千種町古井坂）／「シユルモダニズムな高踏的酒場クララ」（東新町萬歳ビルディング前）／「陸ビル食堂」（東新町電停角）／「富久井亭食堂」（中区南呉服町）／「虎屋」「カフエータイガー」（大須七ッ寺）

本文の目次は、当時の名古屋周辺のカフェー業界の若手オーナーの記事が満載だ。

「社説文化史より視たるカフエーの位置」（伊藤世民）／「明日のカフエーを語る」（名古屋酒場組合顧問弁護士、名古屋市会議員 來多虎榮）／「文明に逆行する取締と行詰

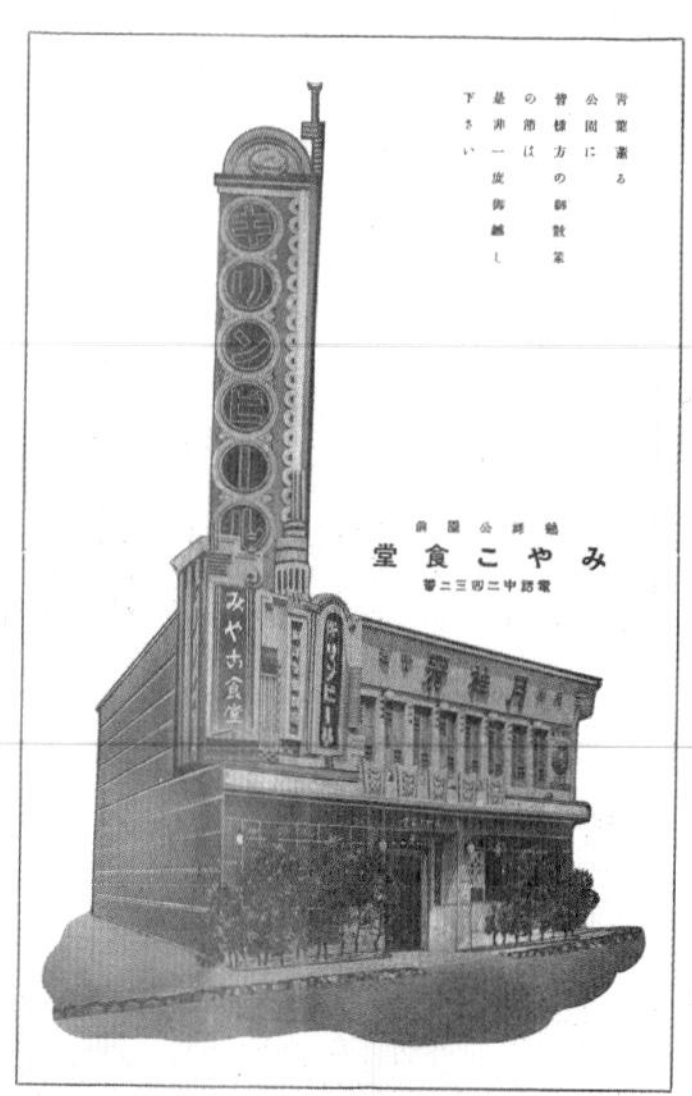

鶴舞公園前「みやこ食堂」の広告

大須の「大酒場 モン・パリ」の広告

東片端の「第一ユニオン大酒場」の広告

「赤玉」の広告

祝名古屋酒場組合發展

大名古屋の文化を背景に……スピード時代の

酒場・カフエー界に尖端を歩まんとする業界の麒麟兒

【寫眞說明】

後列向テ右ヨリ　鈴木金造氏　齋藤金一郎氏　山田泰吉氏　加藤幸三郎氏

前列向テ右ヨリ　安井重利氏　安井金次郎氏　赤塚保治郎氏　佐藤澤郎氏　白瀧京次郎氏

まった業界 何がカフエーをそうさせたか」（名古屋酒場組合長「赤玉」経営主山田泰吉）／「酒場カフエーの最大急務！女給の人格教養第一主義」（名古屋酒場組合副組長「第一ユニオン」白瀧京次郎）／「時代の尖端を行く者は」（名古屋酒場組合相談役「モンパリ」経営者佐藤澤郎）／「洋畫家の眼に映った酒場」（氣多光

貴重な業界人物伝も

名古屋の商業史の文献に明るくはないが、調べものするのに重宝な「業界人物列傳」も載っている。「安井金次郎」（カフエーガー）／「小倉武行」（第一ユニオン）／「渡邊福三郎」（名古屋全市食堂組合長）／「赤塚保治郎」（カフエー金城）／「斎藤安榮」（みやこ食堂）／「加藤幸三郎」（カフエーサロン銀座）

かの山田泰吉が展開したカフエー赤玉の記事があり、若き山田の写真、投稿が載っていること自体、名古屋の社交料飲人物の戦前の情報はほとんどなく貴重である。

戦後、山田泰吉の片腕として営業と運営をおこなっていた永沼憲男の回想録で、中部観光の倒産の1年半前に山田泰吉のあまりの乱脈ぶりに愛想を尽かし退任して倒産後、承継した東急から鯱バスの経営をまかされた後日談も含め、山田泰吉の戦後の評伝は、『おらが忙閑の記』（永沼憲男、中部財界社）、『人物で語る東海の昭和文化史』（樋口敬二監修、風媒社）、『戦後成金の没落』（増田米治、光文社）、『東海人物読本 第一編』（日本経済振興会）そして焼肉屋「ジャンボ」を閉業した晩年の山田泰吉本人を探求した沢木耕太郎『馬車は走る』（文藝春秋社）な

「翠芳園」パンフレット

どの叙述と併せてみるのも興味深いと思われるが、この「夜のなごや」の発見で戦前の曖昧な叙述を改めなければならないのは言うまでもないし、彼の「赤玉」は関西の榎本正の「赤玉」の店名模倣であることも中京エリアのカフエー史では押さえて置かなければならない。

そして、山田が社交料飲業界では「ミカド」の開店というひと時の夢を達成した「失敗者」だとすれば、「成功者」である「加藤幸三郎」というカフエー・キャバレーをはじめホテル・旅館、割烹、レストランを時宜に合った方法論で堅実かつ大胆に展開したもう1人の料飲事業家の情報も興味深い。

加藤幸三郎は、『中部日本實業大鑑』（中部経済新聞社、1951年）に拠れば、1897年（明治30）6月30日、名古屋市生まれ。1913年（大正2）、欧州航路三島丸の司厨部員として乗船、各遠洋諸航路に就航。名古屋市熱田区傳馬町に南食堂を経営、サンフランシスコ、ニューヨーク等の欧米大都市のキャバレー・カフエー等の営業を日本に生かし、中京カフエー界の嚆矢として「パリージャン」を開業。

その後広小路に進出して旧新守座（現中京劇場）前に「サロン銀座」を経営、純フランス式バーとして中京名士の社交場たらしめ常に斯界をリードし、又支那料理の栄養價普及と共に日支友の目的で支那料理「日清荘」を広小路に開設。

続いて富沢町に大キャバレー「メトロポリタン」を経営し、三十余名のバンドを大阪より招聘して業界にセンセーションを起し、次いで「上海楼」、純洋風レストラン「グリル・スコット」等を経営、昭和十年現中配ビル地階に支那料理「福壽園」を開業。

1936年（昭和11）10月名鉄副社長神野金之助氏邸を買収して「翠芳園」を開業するも1944年5月、戦災によりその大半を焼失したが、1946年から逐次再建して営業を継続、更に犬山城下の元彩雲閣（名鉄所有）を買収して「百春亭」と命名し翠芳園と共

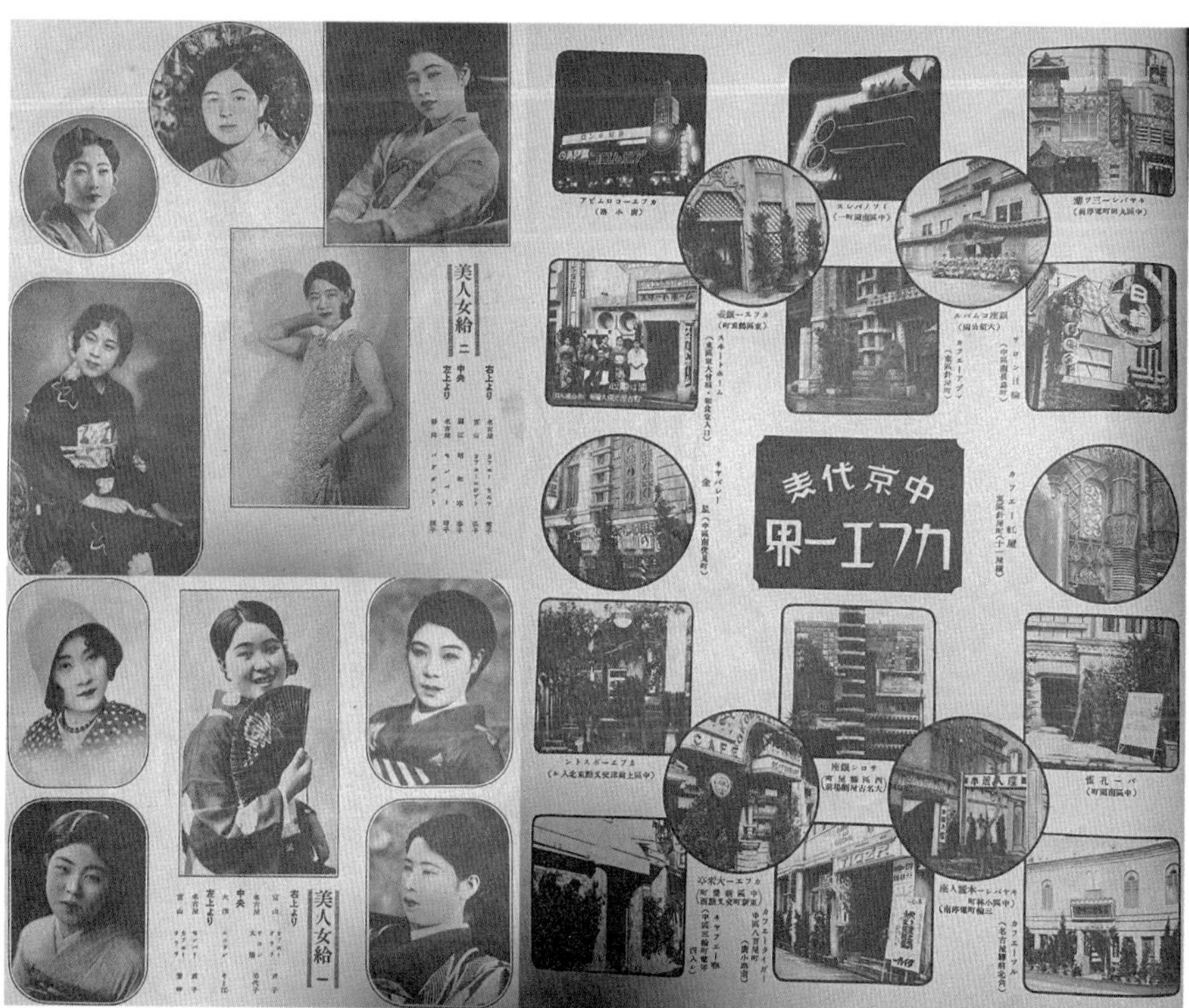

美人女給
『中部日本大観』（1932年）名古屋新聞社

中京代表カフエー界
『中部日本大観』（1935年）名古屋新聞社

に国際観光旅館運盟の指定を受けバイヤー用旅館として有名だった。1948年には関東に進出し築地演舞場跡に東京翠芳園を新築、銀座七丁目に関東キャバレー界の王座「美松」社長の榎本明三と共同経営で「メトロポリタン」とその店舗裏の空地を兄の榎本正から買収し拡張リニューアル営業し、後に全国観光社交事業連盟、銀座社交料飲協会のトップとして1978年まで要職を全うし業界の信頼も高かった。

　その間、戦後混乱期には各務原商工会議所で展開した山田泰吉同様、1945年、進駐軍当局及愛知県知事の推薦によって「占領軍慰安施設」として「ダンスホール麗都」を松坂屋5階、地階の2カ所に占領軍占用、邦人用として設立、400人のダンサーを擁して我国最初の大ダンスホールを経営したが時代の推移により廃業し「新雅」「桃源郷キャバレー」などを展開したという。

解明待たれる未踏の分野

　愛知・名古屋の戦前の社交料飲事業史は未踏の分野なので、今後の研究が待たれると共に、こうした限定的な業界機関誌も発掘されることで明確になると思われるが生き馬の目を抜く業界のことゆえ、数年の時系列で店舗や業態が様変わりしているのを覚悟しなければならないだろう。

マッチラベルにみる戦前名古屋・愛知

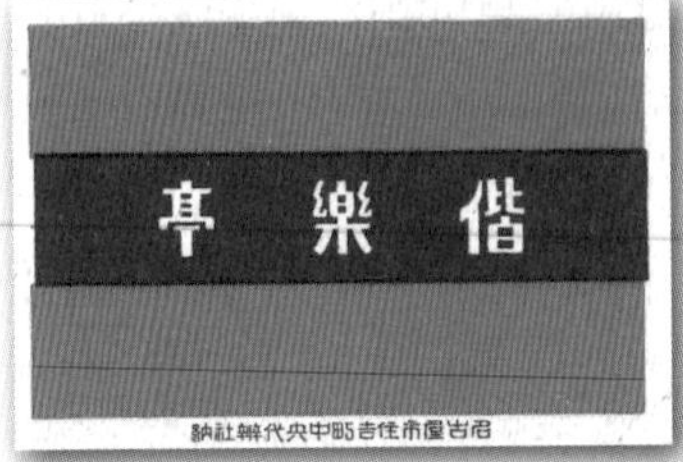

＊近藤泰泉氏／浅井美耀子氏・瀬戸ノベルティ文化保存研究会提供

ナゴヤの黒猫

西洋御料理
昭榮亭
傳馬町三丁目

西洋料理
レストラン
松屋

アサヒアパート

喫茶
食事
名古屋プレイガイド
Nagoya Play Guide

AOI HOTEL
葵ホテル

ライオン製
高級洋菓子
ライオン
広小路
電東(4)6321

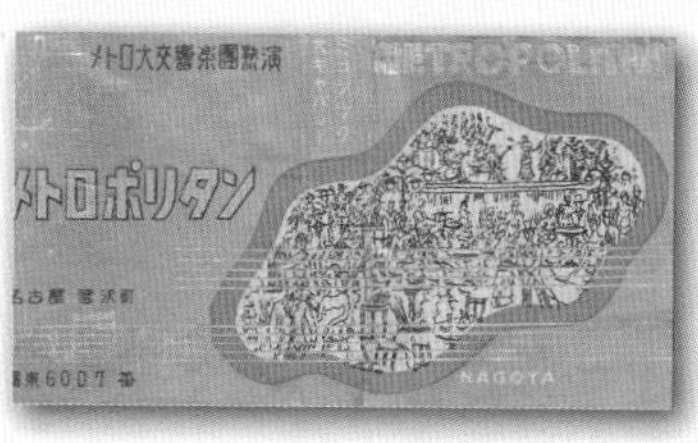
メトロポリタン
NAGOYA

NAGOYA CHAMBER
OF COMMERCE AND INDUSTRY
名古屋商工會議所
電話(代表)中(3)1175

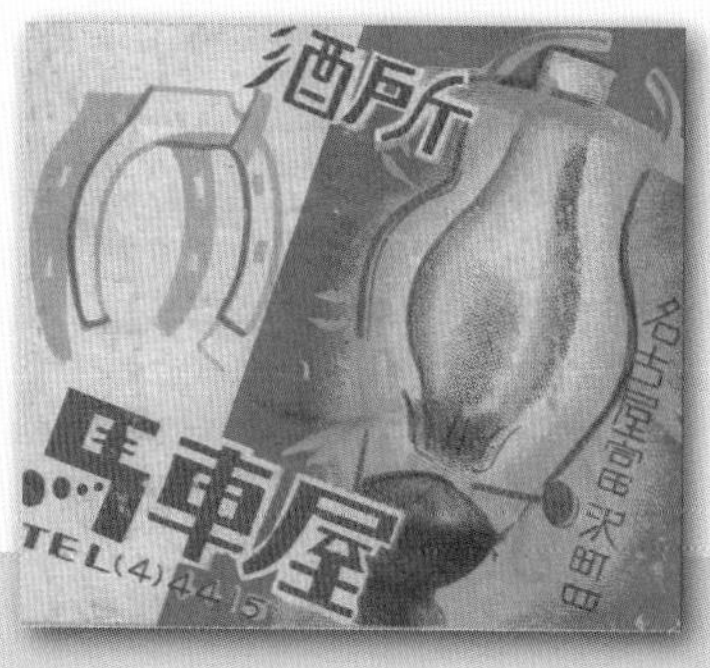
馬車屋
TEL(4)4415

NANAKO
NAGOYA

本店名古屋駅前
出張所新守座
徹夜営業
和洋食堂東亭
RESTAURANT AZUMATEI

アサヒ
薬局
アサヒ目薬本舗

喫茶
カチヤ
桜通り
電本三五九七番

シキシマパン

例年の通り
名湯どうふ
電東四三六七
栄町栄小路

福神漬
愛
カゴメソース
トマトソース
トマトケチャップ
グリンピース
製造元
愛知トマト製造株式會社

鶴舞公園
公會堂食堂
名古屋ホテル経営

Nagoya
Hotel
NAGOYA JAPAN

名古屋汎太平洋平和博覧會
煙草製造実演
樟脳
塩
専賣館ヲ見落スナ

女子短距離界の覇者
ポーランド選手
ワラシエーウィッチ嬢招待
女子オリンピック出場選手歓迎
陸上競技大會
十一月四日
於鶴舞公園運動場

戦時下の世相

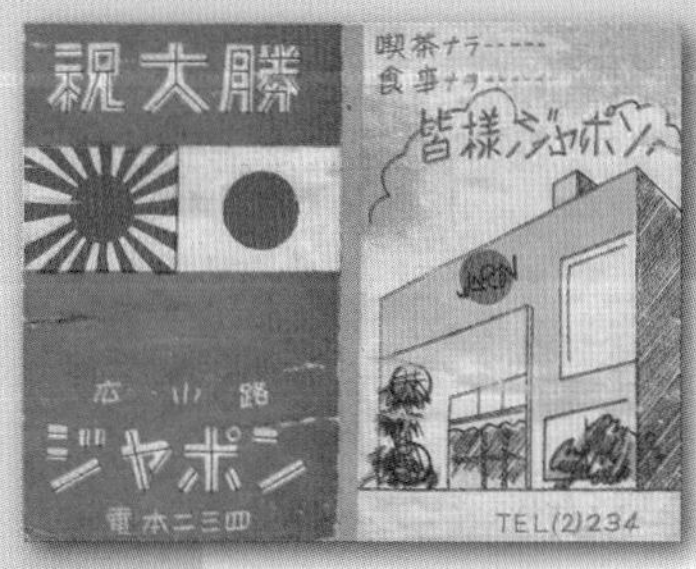
祝大勝
喫茶ナラ……
食事ナラ……
皆様ノジャポンへ
ジャポン
TEL(2)234

祝
日独伊防共協定成立
ジャポン

スパイ防止は銃後の務
赤に
防諜
日本燐寸共販株式会社制定

Nazis
TEA ROOM
近代的サロン
ナチス
ナチス
ナチス

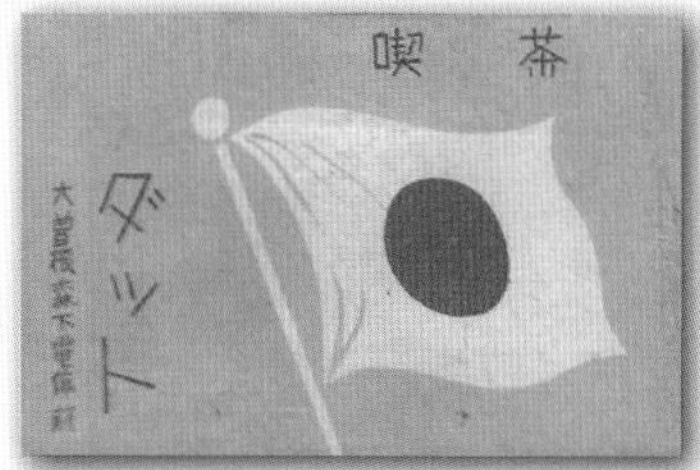
喫茶
ダット

国民精神総動員
健康第一
銃後の護り
結核予防

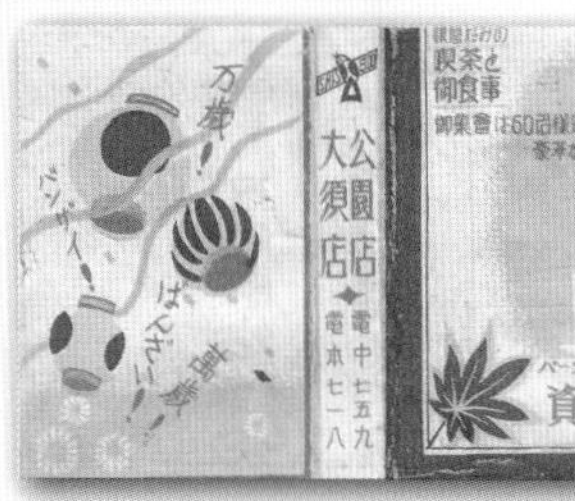
万歳!
バンザイ!
ばんざい!
大須公園店
喫茶と御食事
パーラー
資生堂

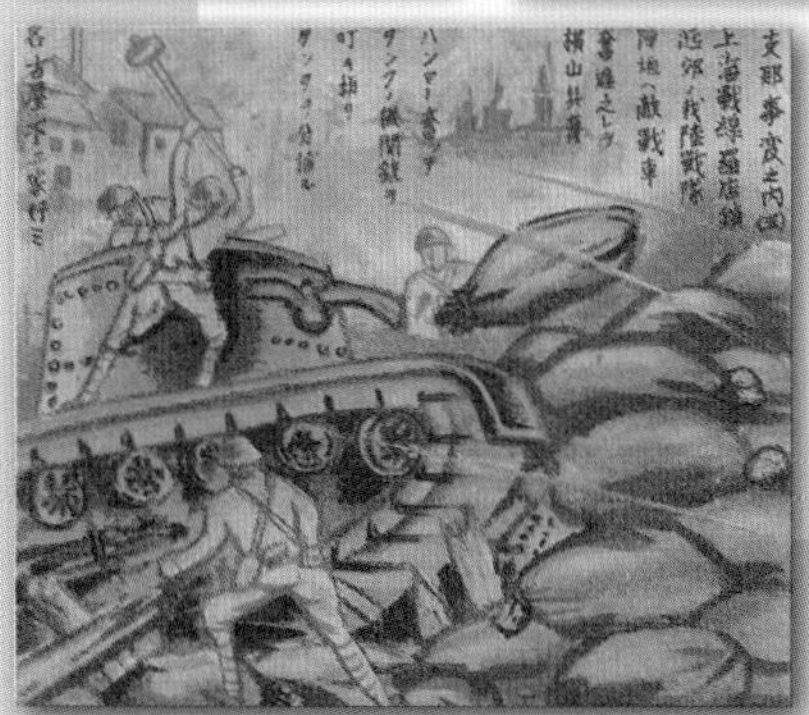

FUJIYA TEA ROOM
洋菓子の不二家
電話(4)0228

中村遊廓跡を歩く

100年前の姿を求めて

文／畠野佳司

図1　現在の大門町

図2　現在の日吉町

中村遊廓の概要

中村遊廓（中村旭廓とも）は今から約100年前の1923年（大正12）に名古屋市の西部郊外、現在の中村区に開設された。最盛期の1937年（昭和12）には貸座敷140軒、娼妓1983人という全国有数の規模にまで拡大し、同年に刊行された『歓楽の名古屋』では、「その設備、内容において日本一を誇る、名実共に東京吉原以上、（中略）全廓内はネオンの不夜城、そのネオンの多きことは正に東洋一の称がある……」と紹介されている。

しかし、国家総動員法が制定され戦時体制となる1938年頃から次第に営業規模は縮小、1944年には100軒以上の貸座敷が軍事関連企業の工員寮などに転用され、翌1945年8月の終戦を迎えた。戦後間もなく公娼制度は廃止されたが、名楽園と改称し進駐軍兵士の慰安所として利用されたのちに特飲街、いわゆる赤線地帯として存続した。名楽園は県内最大の特飲街として賑わいを見せたものの、売春防止法の制定により1957年12月末をもって廃止となった。

遊廓の構造
～3万坪を超える巨大な歓楽街

中村遊廓は総面積3万1620坪という広大な敷地を有し、日吉町・寿町・大門町・羽衣町・賑町の5町で構成されていた（図1、2）。街区の形状はやや南北方向に長い長方形で、南北に3本、東西に5本の通りと、四隅には放射状に広がる街路を配置する構造となっていた。また、遊廓の外周には堀（水路）が設けられ、十数カ所に小橋が架けられていた（図3）。1919年（大正8）の計画段階では石垣と高塀を築き、遊廓の内部を見渡せないようにする案もあったが実際には採用されな

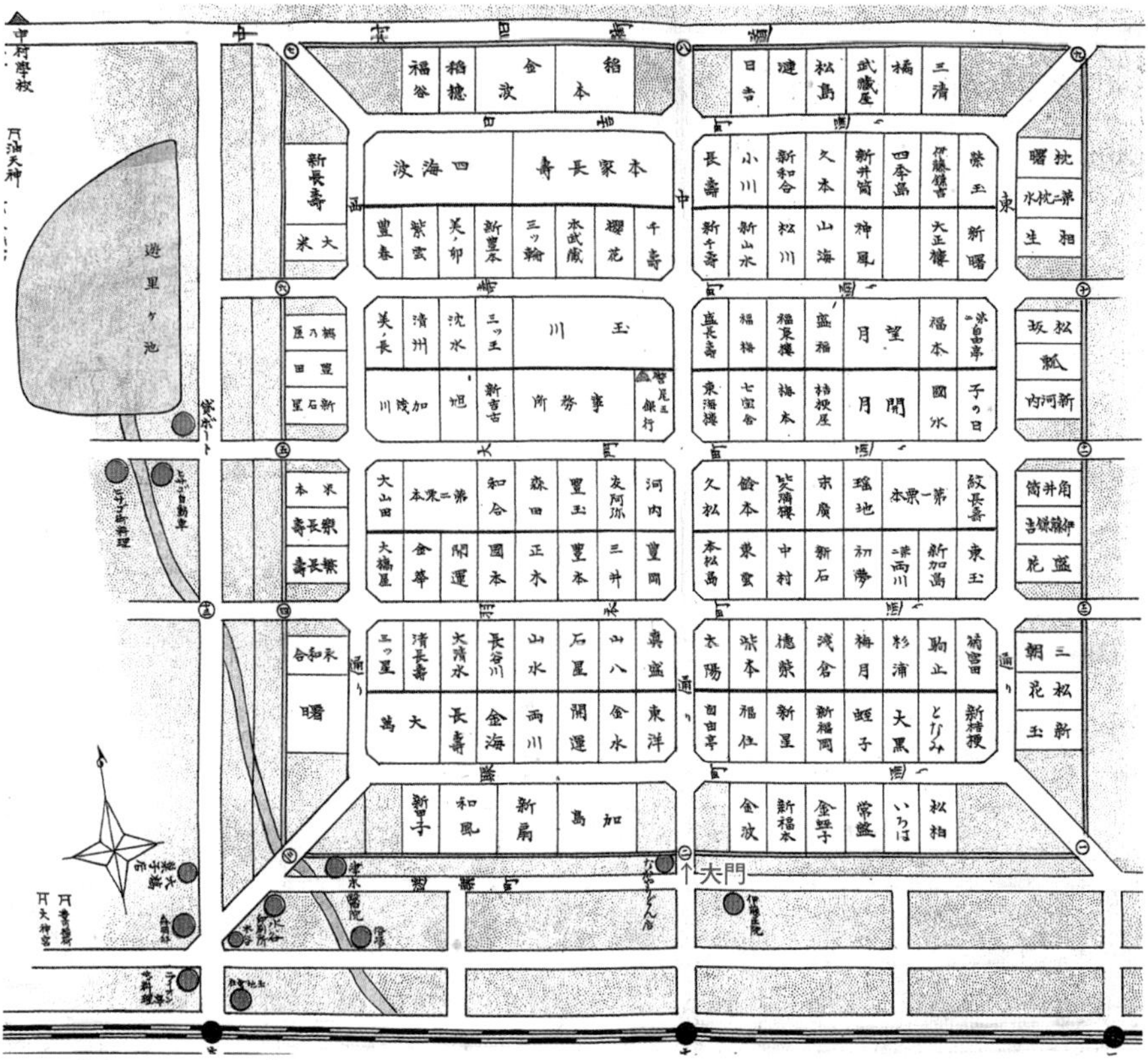

図3　貸座敷の配置図　『大名古屋市西部地図』部分

かった。

開設当初、遊廓の入り口となる賑町の南端に大門が設置されていたことから、南北を貫く大通りは大門通（中通とも）と呼ばれていた（図4）。大門の周辺には和洋の飲食店、活動常設館（映画館）、遊技場、温泉施設などが、また遊廓内には貸座敷の他にも料理店や待合が建ち並び、さまざまな娯楽要素を集約した大歓楽街が形成された。遊廓内は1区画約120坪で均等に整備され貸座敷業者に割り当てられたが、中には2区画、または4区画を取得した店も存在した。1934年（昭和9）の『名古屋案内：附・郊外近県名勝案内』では、日吉町の「本家長寿」（図5）「稲本本館」「稲本別館」「四海波」、寿町の「千寿楼」「玉川」が中村遊廓を代表する大店として紹介されている。

図4　『（名古屋名所）中村遊廓』　桧垣宏之氏蔵

図5『名古屋市 廓 本家長寿楼 東北より望む（其二）』桧垣宏之氏蔵

図6 モダン改装された中村遊廓『歓楽の名古屋』

貸座敷の構造～100年前の遊廓遺構

現存する建物や戦前に撮影された航空写真を確認すると、貸座敷の建物のほぼすべてはコの字、またはロの字状に中庭を取り巻くような構造をしていたことがわかる。これは単なる意匠面だけではなく、当時の愛知県の貸座敷取締規則で規定されていた客室の「採光」と「換気」に関する要件を満たすためのものであったと考えられる。

また、遊廓内の8カ所には鉄筋コンクリート製防火壁を建造し、すべての建物の裏手には非常口と脱出用の路地を配置、客室の総面積（坪数）に応じた複数の階段設置を求める等、衛生面、防災面を考慮した構造となっていた。

開設当初、貸座敷の建物は一様に旧来の様式ともいえる純和風建築であったが、1933年（昭和8）頃からファサードや室内の一部を洋式改装する店が現れた（図6）。これは当時「遊廓のモダン化」と呼ばれ、単なる設備のリニューアルだけでなく遊興システムそのものまでを大きく変える転機となった。当時市中で流行していたカフェーなどの新しい風俗業態に対抗するために貸座敷を近代的に改装し、チケット制の導入やノーチップを基本とするなど、簡易的でわかりやすく改めたシステムは遊興客に大いに受け入れられたという。また、娼妓たちを新しく設けた応接室・面談室と呼ばれる洋式のホールで接客させることで、「籠の中の鳥」とも称された娼妓とその稼業はあくまでも女性の自由意志によるものであるかのように演出した。

遊廓跡地には大正末期から昭和初期築と思われる建物が現在でも十数軒残されている。その中でも日吉町の旧・本家長寿楼（名古屋市都市景観重要建築物）、寿町の旧・鶴廼家、大門町の旧・牛若楼等の建物は当時の外観をよくとどめており、戦前の遊廓の姿とその歴史を知ることができる貴重な場所となっている。

図7『県立中村病院』愛知県公文書館蔵

県立中村病院
～娼妓健診の実態

県立中村病院（開院時は県立名古屋診療所）は1925年（大正14）、遊廓北西部の一角に開院した娼妓病院である（図7）。当時の愛知県の娼妓取締規則では登録娼妓全員に月6回の性病検査が義務付けられており、性病に罹患した場合は同施設への入院措置がとられた。1937年（昭和12）の『名古屋市統計書』によると、県立中村病院の年間受診者は延べ12万7848人、罹患者は2612人（受診者の約2％）、最も多い疾患は淋毒で1136人（罹患者の約43％）となっていた。病院跡地には多くの娼妓たちが渡った橋の一部がわずかに残されている。

図8 遊里ヶ池跡と弁財天

遊里ヶ池と弁財天

遊廓跡地の西部に隣接する道下町には日本赤十字社愛知医療センター名古屋第一病院（通称・中村日赤）がある。1937年（昭和12）の開院以前、敷地には約8000坪の広さに及ぶ人工池「遊里ヶ池」が存在した。遊里ヶ池は遊廓の土地造成に使用する土砂を採取した跡地に水を引いたもので、当時は貸ボート、釣り場、水泳場、打ち上げ花火大会の会場とされるなど、周辺住民の憩いの場でもあった。1925年（大正14）には池内に島を築造、弁天堂が建立された（図8）。現地には「娼妓の投身自殺が絶えず、その霊を慰めるために琵琶湖の竹生島から弁財天を迎えた」という話が伝わっている。しかし当時の新聞記事等によると、これらは遊廓発展策のひとつで、東京・上野の不忍池（しのばずのいけ）をモデルとし、市民の娯楽・慰安の場にすることが目的だったとされている。1924年8月に遊里ヶ池池畔では事故による溺死者、遊廓内で亡くなった芸娼妓の供養祭がおこなわれており、そういった記憶や周辺住民の娼妓たちへの想いが時代とともに変化し伝わっているものと考えられる。

稲永細見

名古屋港初のレジャースポット

文／野嵜晃佑

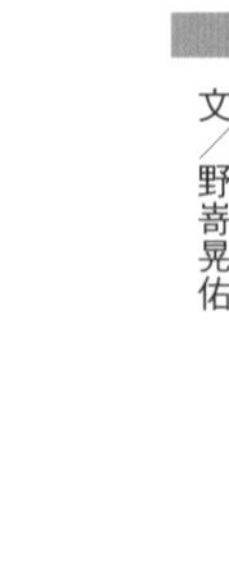

図1　熱田遊廓（1899年）絵はがき

2017年、名古屋港にレゴランドが開業したことは記憶に新しい。名古屋市は、遠方からも人々が訪れるような賑わいのある街づくりを推し進め、レゴランドの誘致に踏み切ったのだった。

レゴランドだけではない。名古屋港水族館をはじめとしたレジャースポットのほか、ショッピングモールも位置する名古屋港は、東海地方屈指の賑わいを集めるウォーターフロントである。

ここで、明治時代、まだ開港したばかりの名古屋港に目を向けてみよう。名古屋港に初めて造られたレジャースポット、それは遊廓だった。現在の稲永町にあったため、稲永遊廓と呼ばれていた。本稿では、名古屋のウォーターフロントにかつて存在した遊廓の歴史を追う。

稲永遊廓の開業まで

名古屋港は1907年（明治40）に開港した。当時の名古屋港は市街地から遠く離れた新開地であり、熱田から市電で接続していたものの、これといった商業施設どころか人家も少ない淋しいところだった。このような状況を見た愛知県は、熱田町伝馬通りにあった遊廓に対して、名古屋港方面への移転命令を出した。そのとき指定された場所が、名古屋港西方にある埋立地、稲永新田だった。1909年3月のことである。

しかし、なぜ愛知県は熱田遊廓に移転命令を出したのか。それにはこういう事情があった。もともと熱田遊廓の妓楼はメインストリート沿いに一般の商店と混じって並んでいた。メインストリートとは、すなわち東海道である。これは風紀上の大問題だった（図1）。そこで、愛知県はこう考えた。僻地である稲永に遊廓を移転させ風紀上の問題を解決する。そして、遊廓を名古屋港へ上陸する船員たちへの呼び水として利用し名古屋港に賑わいを醸成させたい。つまり、稲永移転は、風紀上の問題と経済上の問題を同時に解決させうる一挙両得の計画だった。

しかし、遊廓地として指定された稲永新田の位置は楼主たちを驚愕させた。昭和戦前（1937年頃）の航空写真を見てみよう。そ

図2　国土地理院の空中写真

うすれば稲永遊廓の位置的異様さがわかる（図2）。名古屋港からさらに3kmほど離れた埋立地にポツンと田の字型の区画が見える。人家一つない荒野の中にぽっかり浮かぶ、絶海の孤島のような歓楽境。これが名古屋港初のレジャースポット、稲永遊廓の姿である。いくらウォーターフロントとはいえ日本全国を見回してもここまで僻地につくられた遊廓はそうそうない。2022年の現代ですら、稲永は車がないとちょっと行きづらい。いわんや明治時代においてをやである。

熱田遊廓の楼主たちは早速現地視察にでかけたが、なにしろ明治時代の埋立地だから、遊廓どころか民家を立てるのさえ覚束ない土地柄である。ちょっと掘ればハマグリでも出てきそうな低地だった。そもそも交通の便すらないのだから、視察に行くのにも蒸気船を出さなければならないという有様なのだ。楼主たちは、「こんなところでは商売の見込みが立たない」とみるや一同で申し合わせて、稲永遊廓への移転は絶対にしないという規約をつくって抵抗した。

この事態を憂慮したのが、稲永の地主だった。この地主というのが稲永遊廓のキーパーソン、渡辺甚吉である。渡辺は岐阜県に地盤を持つ十六銀行の頭取であると同時にやり手の土地経営者だった。のちに見るように、稲永遊廓の発展は地主渡辺家の熱意と手腕なくして語ることはできない。

まず、渡辺は、妓楼をみずから建築し、これを楼主たちに貸し与えることとした。そうして移転に伴う初期費用を抑えることで楼主たちが参入しやすくなるようにした。要するに初期の稲永遊廓はテナントだったのである。さらに家賃を下げたりあの手この手で勧誘に努めた結果、なんとか妓楼4軒の開業にこぎつけることができた（図3）。移転命令から3年後の1912年3月20日のことだった。妓楼4軒、娼妓24名と

築港の廓開き

▼煙火で遊興券の打揚げ

熱田遊廓が移轉期日の延期を請願しつゝあるにも係はらず新遊廓地に一卒先營業せんと其筋に出願し十六日附を以て營業認可されし城洲樓、新蝶樓、榮勝樓、玉長sの四樓ありしは既報の如くなるが右四樓は愈々二十日を以て營業を開始する筈にて地主渡邊甚吉關係者一同は開業祝賀として新遊廓地前の廣場にて午前十時より寳探し角力、二輪加、煙火の餘興を催し煙火中へは福引券及遊興券數十枚を打上ぐる由にて當日は築港電車元終点より熱田馬車會社の馬車六臺にして定期發車すべく四軒の抱へ娼妓は廿四名なりと

図3　稲永遊廓開業　「名古屋新聞」1912年3月20日

図4　稲永遊廓の惨状
「新愛知」1912年10月16日

いう規模である。熱田遊廓が22軒、娼妓150名を有していたことを思えば比べるべくもない、ささやかなスタートとなった。稲永遊廓の歴史はこのような状況のもとで始まる。なお、熱田遊廓の残りの楼主たちは、廃業するもの、よその遊廓へ移転するものなど様々だった。名古屋市がレゴランドを誘致する約100年前のことである。

稲永遊廓の苦境時代

どうにかこうにか開業にこぎつけた稲永遊廓だったが、心配をよそに思いのほか好調な出だしを見せた。客層は、目論見通りに名古屋港に寄港する船員、そのほかに下之一色など付近の村落の若者たちだった。このとき付近の村落の青年会では風紀維持のため遊廓への立入禁止を申し合わせているが、遊廓の魅力の前では効果の程は少なかったようである。交通の便が貧弱すぎるので、名古屋市街地から遠征を試みるものは少なかった。

この様子を見ていた旧熱田遊廓の楼主たちの一部も稲永へ合流しはじめ、開業半年で妓楼10軒、娼妓も70名ほどにまで急拡大。なんてことはない、当初の心配なんか杞憂で、遊廓の先行きも明るいかと思われた。

しかしそう甘くはなかった。開業半年後の1912年（大正元）9月23日に愛知県一帯を暴風が襲った。愛知県全域が被害を受けるなか、埋立地の稲永の被害は特に甚大だった。堤防が決壊し、まだ木の香り新しい妓楼はあっという間に押し流された。押し寄せた海水は腰ほどの高さにも達するほどだったという。大門は流され、事務所も半壊した（図4）。そもそも稲永が暴風で容易に浸水するという問題は、移転命令直後に現地を視察した楼主たちによって指摘されていたことだった。それが的中したのである。

ほうほうのていで避難した楼主と娼妓たちだったが、復旧工事のために多数の職工がやってきたのをチャンスとみるや、1カ月後の10月14日には営業を再開する。このとき、楼主たちは復旧費用を支弁するのにも貧窮しており、地主の渡辺から借金までしている。あまりに再開を急ぎすぎたので、1階は浸水して使えず、遊客は2階まで上がって相手の娼妓を選ばなければいけなかった。

開業初年度は惨憺たる有様となった稲永遊廓。だが稲永遊廓の不遇時代はもう少し続く。

稲永遊廓の様子

大正時代に稲永遊廓を網羅的に紹介した記録は、1912年11月

図5　ガタ馬車　「新愛知」1913年10月16日

図6　遊廓への道　「新愛知」1913年10月16日

図7　大門　「新愛知」1913年10月16日

の「名古屋新聞」の『新開地めぐり』と1913年（大正2）10月の「新愛知」『稲永遊廓細見記』などがある。論調はいずれも似通っていて、砂地のなかにポツンとたつ遊廓と、廓内の住人のうらぶれた様子を描いた、どこかシニカルなものである。

これらの記録から、当時の稲永遊廓の様子を再現してみよう。

まず、名古屋港に降り立った遊客は稲永遊廓までの交通手段を探すことになる。最寄りの築地口駅から稲永までは3・5㎞、とても歩いてはいけない。見回すと、目につくのは貧相な痩せ馬が引く馬車である（図5）。6人乗りの馬車ということだが、4人も乗ればぎゅうぎゅうだ。その狭い馬車に、たぎった男たちが膝小僧をぶつけそうになるほど押し込められて、遊廓へ向かうのである。痩せ馬車が走り出すと、道沿いは熊笹とススキの穂が取り囲む見渡す限りの草茫々の荒野だ。とても遊廓へ向かう道中とは思えない（図6）。馬糞と肥料の臭気を嗅ぎながら道を進んでいくと、大門が現れる。ここが砂上の遊廓、稲永遊廓の入り口である。大門というと聞こえは立派だが、稲永のそれはトタンに白ペンキを塗りたくった安普請なものだった（図7）。

さて、大門を抜けて遊廓の中へ入ってみよう。当時の稲永遊廓には16軒の妓楼、3軒の揚屋、それに遊戯店、雑貨店、銭湯、そして駆黴院（性病を検査する病院）があった。揚屋というのは、主に高級娼妓との専用の遊び場のことで、有名な吉原の花魁道中も揚屋へ向

図8　稲永遊廓イラスト
「名古屋新聞」1912年11月25日

かう娼妓の様子を表現したものとされている。しかし、稲永の揚屋は、店前に駄菓子や酒肴が並べられていて、遊女と客がそれらをつまみ食いしながら遊ぶというシロモノだったらしい。稲永は庶民派の遊廓なのである。

それはともかくとして、遊廓の中心には、広場がある。広場といっても甚だ殺風景なもので、近づけば生えるにまかせた雑草からバッタが飛び出すのだ。当時の記者ですら、「廓の真ん中で虫が鳴いたりバッタが飛んだりするところが、どこの国にあるだろうか」と驚いている（図8）。

遊女の暮らしぶりはどうだったのか。記者が、寝間着のうえに羽織をつっかけながらふらふら歩く遊女にどこへ行くのか聞いてみたところ「あんまり退屈だでイナゴを捕りに行きます」と答えた。これを聞いた記者は、「捕られるイナゴの命よりも捕る人の身が一層哀れである」と慨嘆している。衛生状態も決して良くはなかった。大須の旭廓に比べて駆黴院での入院患者の割合も多く、これは、船員や職工が大半を占める客層の悪さゆえであった（図9）。

図9　遊女イラスト　「名古屋新聞」
1912年11月25日

大須旭廓移転と疑獄事件

稲永遊廓にとって泣きっ面に蜂とでも言うべきか、開業してから1年半後、1913年（大正2）8月、愛知県史に残る重大事件が起こる。稲永遊廓疑獄（贈収賄）事件である。

ことの発端は、すでに開業していた稲永遊廓南西の鈎型の土地を新遊廓地として拡張し、当時名古屋にあったもう一つの遊廓、大須の旭廓を移転させようという計画が持ち上がったことにある。これによって1912年7月、名古屋市内に存在した遊廓のすべてが稲永一箇所に集約されることが決定した。この裏で、地主の渡辺が当時の愛知県知事に対し移転成功のあかつきには土地を格安の一坪6円で譲り渡すという密約を結んで

図10　稲永疑獄被告　「名古屋新聞」1913年12月1日

いた。

遊廓の開設は人の賑わいを呼ぶ。そして、地価に多大な影響を与える。そのため、全国で財界や政治家を巻き込んだ贈収賄疑惑が後を絶たなかった。実際に旭廓に稲永移転命令が出された際には、地価は一坪50～60円にまで高騰している（2カ月後の暴風で再び下落するが）。いずれにしろ渡辺の誘致活動はあまりに危険な綱渡りだった。この事実が発覚し、渡辺や愛知県知事が起訴される事態に発展してしまう（図10）。

名古屋を混乱の渦に巻き込んだ疑獄事件は、結局、証拠不十分として地主渡辺、知事ともに無罪として終審した。

この大騒動が原因だったのかは不明だが、旭廓の移転命令は結局のところ取り消しとなる。移転中止を受けて当時の名古屋市長は次のようなコメントを残している。

「（旭廓）据え置きとなれば、稲永は当分現状のままで発展も難しかろうが、……必ずしも悲観したものではない。……東京でも吉原へ行かずに品川や洲崎（ともに東京臨港部に位置した遊廓）へ行く者があって吾輩なども書生時代には品川がもてるからというわけで大いに繰り込んだものさ、あはは……」

図11　稲永遊廓
「新愛知」1922年11月7日

いずれにしろ、幸か不幸かこの時期が稲永遊廓にとって歴史上最も世間の耳目を集めた時期だった。

稲永遊廓の発展時代（図11）

これまで見てきたように、移転命令を受けてから、そして開業してからも稲永遊廓は波乱の連続だった。ここまでが名古屋のウォーターフロント発展の期待を一身に受けて誕生した稲永遊廓の黎明期である。いよいよ躍進の時代がこれから始まるのだ。時系列で追ってみてみよう。

開業から5年度、1917年（大正6）、ついに最寄り駅の築地口から稲永への市電が開通した。これにより遊客は市電だけで遊廓にアクセスできるようになった。痩せ馬の馬車はお役御免となったのである。

さらに6年後、1923年には大須にあった旭廓が（稲永ではなく）郊外の中村へ移転する。そう

図12　神社遷宮式
「新愛知」1932年9月13日

図13　石灯籠の寄付人に楼主の名前が見える

なると、地理的な不利も相対的に緩和され稲永へ遠征を試みる遊客も増加した。妓楼の軒数を見ると、旭郭移転のこの年だけで10軒も増加して41軒となった。大須から稲永へ移転した楼主たちがいたのかもしれない。

どちらも郊外の遊廓となった稲永と中村だが、規模はまだまだ中村のほうが大きかった。だが、稲永には中村に負けない強みがあった。それは料金である。中村遊廓（移転後の旭廓）と比較して大衆向けの格安価格設定で（店と遊び方にもよるが）、だいたい中村の半額から7割くらいの金額で遊べたようである。

時は移って昭和時代に入ると、稲永遊廓は最盛期を迎える。

1930年（昭和5）9月には、地名が稲永新田から「錦町」へと改称された。いかにも埋立地といった泥臭い名前から、一足飛びに雅な名前が与えられたのである。このお祝いに市内を宣伝飛行機でビラ10万枚をバラまくことが計画されたという。これ以降、稲永遊廓は錦町遊廓とも呼ばれる。

また、稲永遊廓の楼主たちは、この頃名古屋市公会堂建設費用として1000円を寄付している。現在の価値でいえば1000万円に当たる大金である。稲永遊廓の存在感は庶民だけでなく公的にも増していた。

翌1931年、地主渡辺は稲永遊廓の目と鼻の先に、競馬場の誘致を成功させる。このとき、候補地の中村、長良と激しい争奪戦がおこなわれたが、ここでも遊廓誘致で見せた手腕が光った。地上設備を地主側で用意するなど他所の追随を許さない誘致活動を展開した渡辺家が争奪戦を制したのである。渡辺家の尽力により、名古屋市が目指したウォーターフロントの賑わいが現出しようとしていた。

さらに翌1932年9月13日には、廓中央に錦町神社が新築造営され、当時の南区長、警察署長らも参列して盛大に遷宮式が催された。バッタが飛んでいた昔日の面影はすでに消えつつあった。この神社は現在でも同じ場所に鎮座しており、当時の楼主が寄進した鳥居や常夜燈が現存している（図12、

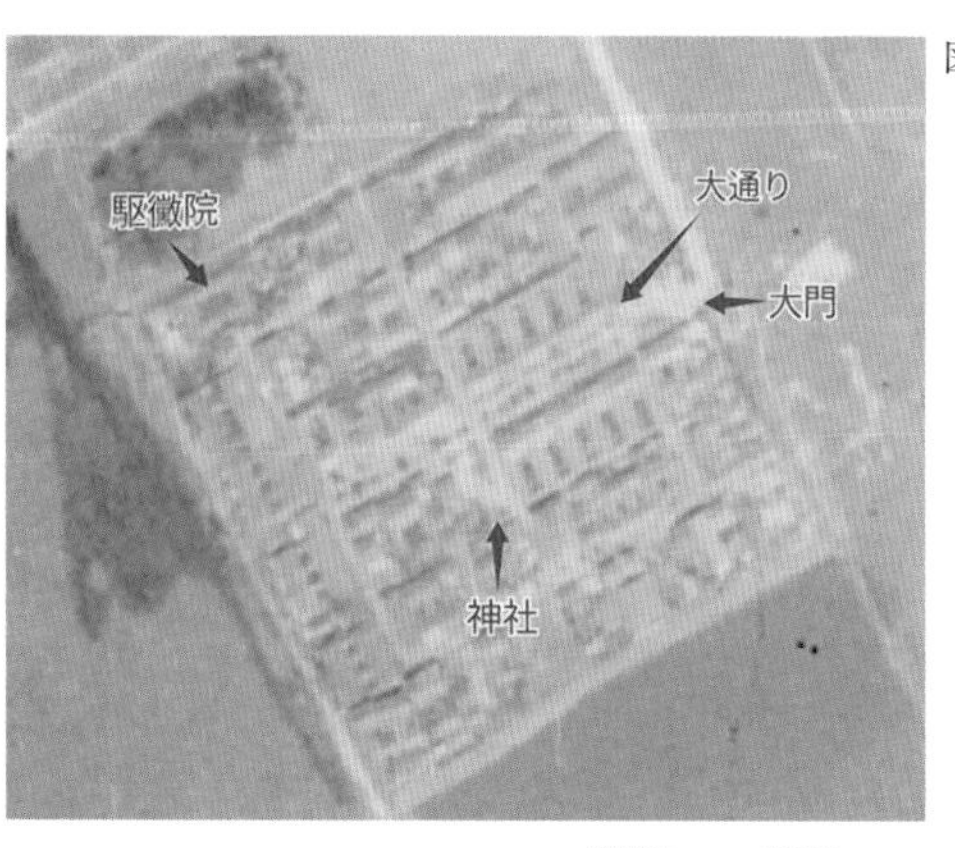

図14　国土地理院の空中写真

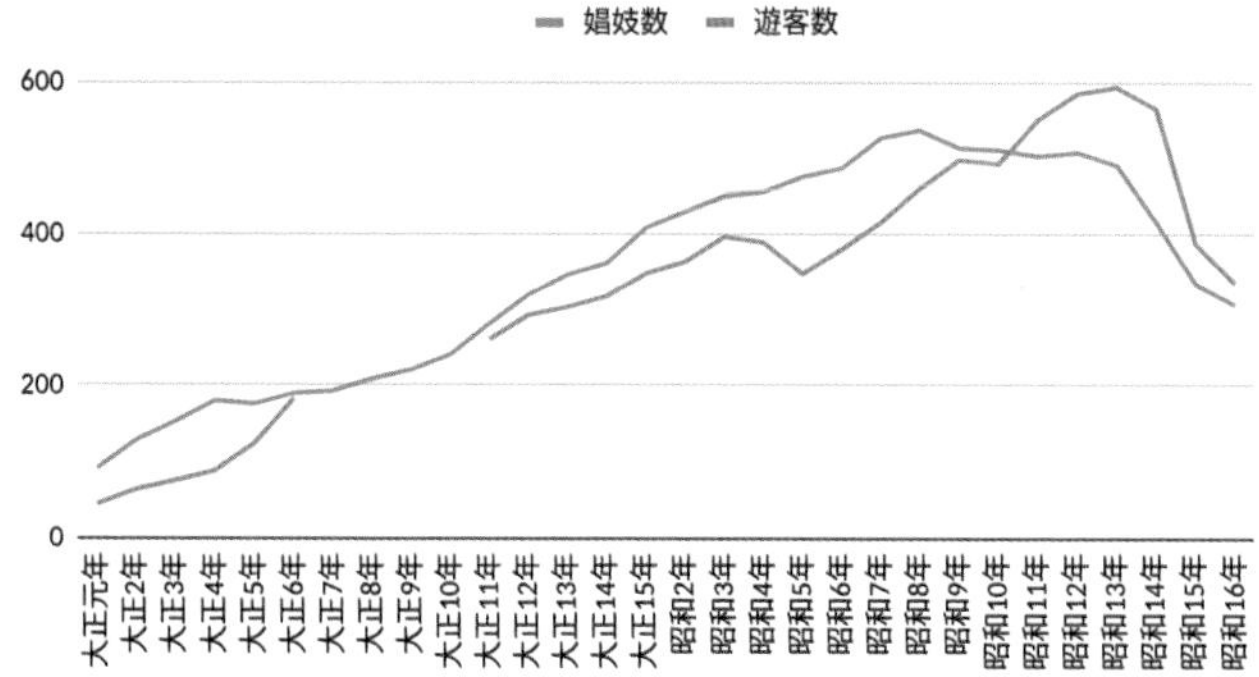

13)。
最盛期の稲永遊廓の様子を航空写真で見てみよう。建物中心に空洞がある大きな建物が並んでいるのが見える。この空洞に見えるものは中庭だ。廓北西にある回字型の建物は駆黴院である。飲食店や銭湯もあったことは先述した通りだ。このように、一辺170mの正方形の区画の中に、それだけで生活が完結できるひとつの町が造られていた(図14)。

数字でも稲永の隆盛を見てみよう。1912年の開業から、1941年太平洋戦争に突入するまでの娼妓数と遊客数の推移を示す(図15)。開業から順調に規模を拡張させ、そのピークは1935年(昭和10)頃だったことがわかる。なお、この間、稲永遊廓の開設目的である名古屋港はどのようになっていたのか。入港船をトン数で比較してみると、遊廓開業当初の1911年(明治44)には180万トンだったものが、1935年には1820万トンと10倍に増加している。名古屋港と稲永遊廓は、ともに発展を続けていた。

図15　娼妓数と遊客数の推移　「愛知県統計書」より作成

稲永遊廓の遊び方

ここで、稲永遊廓の遊び方について少し見てみよう。

時刻は夕方、各楼からガチャガチャとけたたましい音が鳴り響く。遊廓営業開始の合図だ。これは「下足打ち」といって、下足札を打ち合わせて千客万来のゲン担ぎをするのだ。下足札とは、遊客が入店する際に脱ぐ履物につける印の木札で、この下足打ちの音を合図に、娼妓たちが店前に並ぶ。

これがいわゆる「顔見世」である。よく知られているように、店

図16　娼妓の宴会　「名古屋新聞」1936年1月21日

図17　遊廓メインストリート
「名古屋新聞」1936年3月29日

前に居並んだ娼妓を見て直接客が指名するシステムである。中村遊廓はじめ各地の遊廓は人道的な観点から大正時代には写真見世（娼妓の写真を見て選ぶシステム）に移行していたが、稲永では昭和に入ってからも顔見世を続けていて、これも古風で奥ゆかしいと稲永人気の要因のひとつだった。とはいえ、時流に逆らうことはできず、伝統の張見世も1936年（昭和11）にはついに姿を消すことになる。この背景には翌1937年に予定されていた博覧会の影響があった。来訪する外国人に女性を商品化しているとみられるのを名古屋市は恐れたのである。2021年の東京オリンピックに向けてコンビニの店頭から成人雑誌が排除されたことを思い起こさせる。

もう一つ、稲永遊廓は「廻し」というシステムを取り入れていた。これは、娼妓が同時に複数の客をとって、それぞれの部屋を回って相手をするというシステムで、つまるところダブルブッキングである（一方で、一人の客に一人の娼妓がついてサービスすることを「通し花」という）。ダブルブッキングなので、入店したもののいつまでたっても客の前に娼妓が現れないということもあったらしい。客としてみれば同じ代金を払っているのに、理不尽極まりないシステムに思える。しかし娼妓に懇切丁寧に扱われたときの悦楽は忘れがたいものがあったようで、それがまた味のあるところだったという。「廻し」は東日本では一般的であるが、中部地方では三重の一部で取り入れているのみで東海地方では珍しかった。中村遊廓よりも廉価で遊べたのは、このようなシステムの違いによる要因もあった。

娼妓たちの楽しみも増えた。娼妓たちのイベントとしては、娼妓500名が一堂に会する新年の大宴会が催されていた。普段は怖い楼主たちがサービス係に回って、優秀な娼妓の表彰や、漫才や手品などの余興が繰り広げられた。イ

図18　カフェー調の建物
「名古屋新聞」1936年3月30日

ナゴを捕っていた頃と比べて娼妓の生活は改善されたのだろうか（図16）。

１９３６年の「名古屋新聞」による特集では、当時の稲永遊廓の写真が掲載されているが、25年前の同新聞に掲載されたイラストと比べるべくもない、立派な遊廓の姿を見ることができる（図17）。

これらの写真からは、メインストリートの中央には並木が植えられ、裏通りにはカフェー調の建物もあったことがわかる（図18）稲永遊廓は規模の拡大とともにその美観にも磨きをかけていたのである。だが、付近の市街地化はまだまだで、周囲にはススキ以外何もない荒野であることは開業当初と変わらずだった。「名古屋新聞」の同特集では、以下のように文章を締めくくっている。

「蒼茫とひらけた海と枯芦と古風な伝統を守る廓……錦町遊廓は歓楽に酔いしれるところというより虚ろな心を持った旅人のようにホロ苦い郷愁を噛みしめるところなのだ」

時代が流れていかに稲永遊廓が発展しようと、人々がそこから受ける印象は、どこまでいっても変わりはない「砂上の遊廓」のままなのであった。

稲永遊廓の終焉

しかし、稲永遊廓の繁栄もここまでだった。１９３７年（昭和12）7月、盧溝橋事件に端を発した日中戦争は初期講和に失敗し、泥沼の様相を呈する。国家総動員法が施行され、国民生活も統制を受けるようになっていくと、稲永遊廓にとっても深刻な状況が訪れた。

まず、重要物資であるガソリンの供給が制限されるようになった。そうなると、稲永へ向かうタクシーの運行も制限されるようになる。交通僻地にある稲永遊廓にとってこれは大打撃だった。稲永に限ったことではないが、太平洋戦争の開戦に伴い、遊廓は著しくその規模を減じていくことになる。特に太平洋戦争開戦前の１９４０年頃から櫛の歯が抜け落ちていくように衰退が加速していく。

そして、太平洋戦争も中期に差し掛かるころ、稲永遊廓に最期の時が訪れる。

１９４３年11月20日、軍需工場の工員宿舎として転用されるために稲永遊廓はついに全店廃業となったのである。時代の要請と言ってしまえばそれまでだが、あまりにもあっけない幕切れであった。しかし、なぜ工員の宿舎となったのか。

新しい朝 稲永遊廓
産業戦士の宿舎に轉向

図19　廃業記事
「中部日本新聞」1943年11月20日

図20　現在の稲永遊廓跡
メインストリートを大門側から見る

　それにはこういう事情があった。戦局の悪化に伴い、工員を大量に徴用し兵器を増産する必要が生じた。しかし、彼らを収容するための宿舎を建設する資材も労力も不足するほどに国力はすり減っていた。そのため、遊廓や料理店など部屋数が多く規模も大きい建物を優先的に宿舎として転用することが決定された。この法的根拠が、1942年5月に公布された「企業整備令」だ。企業整備とは、国家が諸企業を整理・統合し、再編成することである。乱立する企業に自由な経営をさせていては、戦争遂行がままならないため、国家が企業の統制を強化したのである。当初は軍需産業など戦争に直結する企業のみが整備令の対象とされていたのだが、戦局の悪化は対象範囲をどんどん拡大させていった。そして、1943年8月に遊廓を含む接客業者一般にまで企業整備の手が及んだのである。これにより、国家は稲永遊廓の生殺与奪の権を握るに至った。稲永遊廓廃業から3カ月前のことである。これを受けて愛知県下の遊廓は次々に廃業・転業を余儀なくされるが、その手始めが稲永遊廓だった。かくして、稲永遊廓は開業から32年にして、ウォーターフロントのレジャースポットとしての役目を終え、代わって戦争遂行のための施設に転じたのである(図19)。

　だが、稲永遊廓の楼主たちがすべて廃業したわけではなかった。警察の仲介により、全49業者のうち34業者は、中川区尾頭橋にあった芸者街「八幡連」と合同することになった。遊廓の再編成である。戦後、赤線として有名になる特殊飲食店街「八幡園」がここに結成され、1957年12月までの売春防止法罰則施行直前まで続いた。

　しかし、なぜ名古屋に何箇所もあった花街のうち、八幡連が合同先として選ばれたのだろうか。郊外に位置していたため、軍需工場が付近にあったため、八幡連と政界とのつながりが強かったため、など諸説あるが詳細は不明である。

　その八幡園も開業後1年ほどで空襲で壊滅。稲永遊廓の業者は再度離散し、一部の業者が戦後(1948年)は港区に移転、赤線「港陽園」を開業する。これも1957年12月に完全廃業し、稲永遊廓の歴史に完全に終止符が打たれた。

Ⅲ 生と死の生活史

スペイン風邪がやってきた

100年前の危機に学ぶ

文／溝口常俊

本稿執筆中の２０２２年秋になっても2年前から始まったコロナ禍が収まる気配がなく、毎日県別の感染者数がテレビ報道され、ウイルスの進化とその感染力に脅かされる毎日が続いている。過去を振り返ってもこれほどのウイルス危機はなかったのではと思ったが、実はそれに相当する、いやそれ以上の危機が１００年前に訪れていた。

歴史人口学者の速水融氏によると、１９１８年（大正7）に発生したスペイン・インフルエンザは、世界で第一次大戦の4倍（4００万人）、日本国内では関東大震災の5倍近く（45万人）の人命を奪った、という。

本稿では、将来再度やってくるであろう「天災」に備えるためにも身近な歴史を知ることが重要であるとの思いから、当時の新聞を読みなおし、名古屋を主とした地域で、スペイン風邪にさらされた人々の悲鳴を聞き、どう対応したのか、行政は何らかの手を打ったのか、等々を拾い上げて示すことにしたい。

当時の新聞記事を読む

速水氏は１９１８年10月に始まるスペイン・インフルエンザ流行を「前流行」、翌１９１９年12月から始まる流行を「後流行」と呼び3年間に2度のピークがあったことを示されている。そして日本に最初に変異したウイルスが襲来したのは、１９１８年の9月末から10月初頭であったと思われるとして、9月20日の「新愛知」（現在の「中日新聞」）での「日坊大垣工場に奇病発生」を流行性感冒として取りあげられている。

そこで、筆者は同新聞を閲覧しその記事を確認したが、その2週間前の9月7日に「信州製糸場に悪疫流行、職工四百名大熱に冒さる」という記事が目に留まり、これもひょっとしたらスペイン風邪ではなかろうかと思った。こうしたささいな疑問があったため、感染症に関する記事がどれくらい出ているかを確認する作業に入った。最初は１９１８年から１９２０年の3年間の全日、その後比較のため、その前後の1年間を加えて計5年間分の「みだし」を拾いあげた。その結果、初めてはっきりと「スペイン風邪」という病名が出てきたのは10月26日であったこ

表1　感染症の種類別月別新聞記事数

年月	流感	天然痘	赤痢	ペスト	チブス	コレラ	他
1917年							
1月				3			
2月		1		1		1	1
3月							
4月		1		3	1		
5月				2			
6月		1	3	1	1		
7月			4	1		1	
8月			4	1	1	2	
9月			2			7	
10月							
11月				1			
12月							
1918年							
1月							1
2月							
3月		3					
4月		5					
5月		2					2
6月							
7月			5				1
8月			1				
9月	5				1		
10月	42				1		1
11月	27						
12月	4						
1919年							
1月	1	1					
2月	1						
3月		2					
4月	1	4					1
5月		1					1
6月				1			
7月							
8月			2		1	8	
9月			1				
10月							
11月	1						
12月	6						
1920年							
1月	17	1					
2月	8	1					
3月	3	3					
4月							1
5月							1
6月	1				1	10	
7月			2			11	
8月						1	
9月	1			3		1	
10月						1	
11月	2				1		
12月							
1921年							
1月				1			1
2月	5		1	1			1
3月				1			
4月			1	4			1
5月				1			
6月						2	1
7月							
8月							
9月				1			1
10月						1	
11月							
12月							
合計	125	26	26	26	8	46	15

注1　新聞は「新愛知」
注2　他：脳脊髄炎幕：大正7年1,5月と10年1,9月
麻疹：大正6年2月
ジフテリア：大正10年2月
疱瘡：大正10年4月
不明：大正7年7月、8年4,5月、
大正9年4,5月、10年6月

とを知った。その見出しは「世界中に流行の感冒 英国では西班牙(スペイン)風邪と云ふ 患者には接近するな」とあった。

ところでこの作業中に驚いたのは、感染症はスペイン風邪であろうと思われる流感だけではなく、赤痢やコレラなど幾多の感染症を目にしたことである。その種類と数を月別に数えたのが表1である。スペイン風邪がはやらなくなって安心、とはとんでもないことで、さまざまな感染症に悩まされ続けた時代であった。

以下、本稿では流行性感冒に焦点を当て、読み取っていきたい。

学校、軍隊、工場で患者が多発

流行性感冒の記事数は5年間で125を数えた。記事は世界での情報も多少あるが、多くは中部地方で、その中で愛知県での記事は35(うち当時の名古屋市域では12)

であった。愛知県と名古屋市両者での初出記事の見出しを載せておこう。

愛知県では、1918年（大正7）10月20日に「全生徒熱病に冒さる 額田郡の男川小学校 流行する熱病」とあり、インフルエンザ流行の折りから発生し、一年生が54人中26人、二年生は33人中32人が冒されたため19日から3日間休校することになった。そして二日後に岡崎附属小学校でも29名の熱病患者が出て一週間休業となった。

名古屋市では同年10月27日に、「那古野小学校の流行性感冒 全校の健康診断」との見出しで、「職員が7名と生徒93名が同病にかかり、…大恐慌をきたしている」とあり、11月10日には「感冒で死んだ名古屋人250名（10月中に18名、11月1日から7日までに230名）。前年同期の40倍」とあった。

ここで125の記事の中で、地名とは別に発生の場所が記されていたところを数えてみたら、一に学校、二に軍隊で、それに続いて工場が多かった。

学校での初出は前述の通りであるが、犠牲者の多くは小学校の低学年であった。1920年前半の後流行でもそうであった。

軍隊での初出は1918年9月26日で「大津歩兵第九連隊に熱病猖獗 患者約四百名」とあり、10月19日に「滋賀県湖南地方に流行性感冒猖獗 大津歩兵九連隊から輸入 小学校遂に閉鎖 死亡者続出す」とあった。これは栗太郡大宝村青年団190余名が同連隊に見学旅行をした後、運動会を開催したこともあり、周辺地域に流感を広めたという。その犠牲になったのが小学生であった。

シベリアに派遣された軍隊では10月11日の記事に「シベリアに流行性感冒 輸卒二名斃る 戦死者同様の取扱」とあり、同月25日に「シベリアにも感冒 患者千余名」とあり悪性の伝染病の蔓延は恐ろしく死亡率も高かったようである。11月15日には「軍隊でも感冒で死に出した。各隊共ガーゼで鼻口を蔽ふ事になった」とあり、マスク予防がなされていた。

1920年6月13日の記事では流感とペストが一緒になって呉の海兵団を襲って、熱病患者が160名出たので、消毒予防繁忙を極むと出ていた。

最後の軍隊記事は、「後流行」の1921年2月に入ってからで、6日と9日に名古屋騎兵連隊の軍馬に流感発生とあった後、10日に「守山連隊にも流感 患者50余名を出す」とあり、それ以後は収まったようである。

発生場所として3番目に多かったのが工場、中でも女工さんの犠牲が多かった。初出は前述した1

918年9月7日の信州製糸工場であったが、9月20日に「日坊大垣工場に奇病発生」で100余名の工女が発病とあり、県当局によれば綿花の原産地に於ける風土病が移入されたのではと病原菌元が推し量られている。同日豊橋市の製糸業でも「工女三十余名発病」とあった。

流感の死亡者
八割迄は貧民
由々しき社會問題
眠れる赤十字社と濟生會

流感の猖獗は最近益々猖獗を極め全國の罹病五十萬人死亡者一萬五千人を算し病勢は尚進行蔓延の狀であるが茲に最も注目すべきは罹病患者、死亡率で頗る

貧民階級に猛烈なの

が奇怪な一現象である之は要するに有產階級は假令罹病しても直に富金の豫防策を講じ得るとしても貧民階級では發病しても治療するだけの經濟的能力の無いのに原因し東京市の如き廿五日迄の死亡者累計四千百十四名の内其八割は全部貧民階級に屬するのは寔に由々敷社會問題である彼の唯一の

貧民施療機關として

基金二千餘萬圓を有する赤十字社及び二千四百萬圓の莫大なる基金を包容する濟生會の如きは斯る社會的重大問題を如何に見て居るか今や漸く是等社會的施設機關に對する非難の聲が雨の如く起つて居る殊に赤十字社に對しては彼は日本全土に亘りて

大多數の

會員を有し而も巨大なる基金と莫大なる會費を徴收して居るに拘らず常に社會的事業に不誠實極まる態度を執るのは寔に怪しからぬと云ふ攻撃が各所に起つて居る（東京）

図1　「新愛知」1920年1月20日

近代化の負の側面が露わに

ここで流行性感冒と伝染病に関する深刻な話も載せておこう。

①流行感冒とうどん屋：「この世界的大感冒で意外な儲けをした者はお医者さまと薬屋とであるやうに云われて居るがうどん屋も亦此風邪で富てた商売の一つである。蘭貢米を食べたら流行り出したから。でも風の神はうどん屋にも飛び込み、出前持ちはバタバタ倒れだした（1918年11月6日）」

②野焼：「死体を野焼にす　神戸の流感益々猖獗　年頭三日間の死亡者百四十（1920年1月7日）」、「焼いても焼いても焼き尽くせぬ死骸　東京の流感益々悪性と化して死亡者続出す　火葬場は屍の山（同1月8日）」

③発狂殺人：「妻の死に発狂して見舞い人を斬る　流感の一悲劇（1920年2月4日）」、「発狂して一家鏖殺臥床中の親子三人を流感の一悲劇（同年2月5日）」

④由々しき社会問題：「流感の死亡者八割は貧民　由々しき社会問題　眠れる赤十字社と済生会（1920年1月27日）」（図1）

⑤国家の重大問題：「全国六十萬の女工の内二十萬人は病人　中でも結核呼吸器病が多い　統計の示す悲惨な事実（1920年5月27日）」との記事の本文で「衛生設備の不完全なことが証明されるわけで、殊に女子の罹病率の多いことは国家の重大問題として改革する必要がある」とある。

大正、昭和前期は名古屋も愛知県主要都市も工業化によって大発展した時代であり、その発展を支えたのが全国から集まった女工さんであった。そんな女工さんの労働環境がこれほどまでに病に冒されていたとは、重い重い記事であった。

第二次世界大戦の経験

祖父母の戦争を聞く

文／溝口常俊

戦争の時代を知る

名古屋の大正・昭和前期は、工業都市としての発展期でもあったが、暗黒の戦争の時代でもあった。名古屋城内の地図を眺めただけでも、その状況がよくわかる。拙編書『古地図で楽しむなごや今昔』（風媒社、2011年）でも示したが、大正時代（図1）と、昭和10年代、20年代の戦前（図2）、戦中（図3）、戦後（図4）の計4枚の図を載せておこう。図1では二の丸、三の丸地区に軍事施設が並んでいる。それが図2では、あるはずの軍事施設が時の軍事政権の意向により真っ白に消されている。地図を改ざんしていいのかという恐怖が伝わってくる。図3は空襲で名古屋城とともに軍事施設も丸焼けになってしまった。図4は三の丸に敗戦の爪痕ともいえるアメリカ村があるものの、二の丸には名古屋大学の本部と文学部が設置され文教都市として生まれ変わろうとしている姿が見られる。

こうした暗黒面の時代もあったのだということを若い人たちに知っていただき、戦争のない世界にせねばならないとの思いで、名古屋大学文系基礎科目「地理学」で聞き取りレポートを課し「戦争体験記―2011年度名古屋大学1年生の祖父母の語りより」と題する報告書にまとめた（2012・3・28）。本稿ではその一部を紹介し、筆者自身の聞き取りを加えて悲惨な戦争を再体験することにしたい。

祖父母の戦争体験

名古屋大学の学生さんは地元出身者が多い。それゆえに祖父母の戦争体験と言っても近在での話が多かろうと思っていたが、いきなり樺太からの逃避行レポートが届き、その後もシベリア抑留、中国遠征、フィリピン、ビルマ……と続々アジア諸国での戦記が送られてきた。国内でも祖父母の出身地が沖縄、鹿児島、宮崎、愛媛などの遠隔地の方々も含まれていた。狭い共通教育棟の1教室にたまたま居合わせた学生85人からかくも広く多様な戦争体験が聞けるとは驚きであった。紙面の関係で全員のは紹介できないが、初耳で意外であった数人分の聞き取り話をかいつまんで載せておこう。

祖父が樺太生まれのMさんの聞

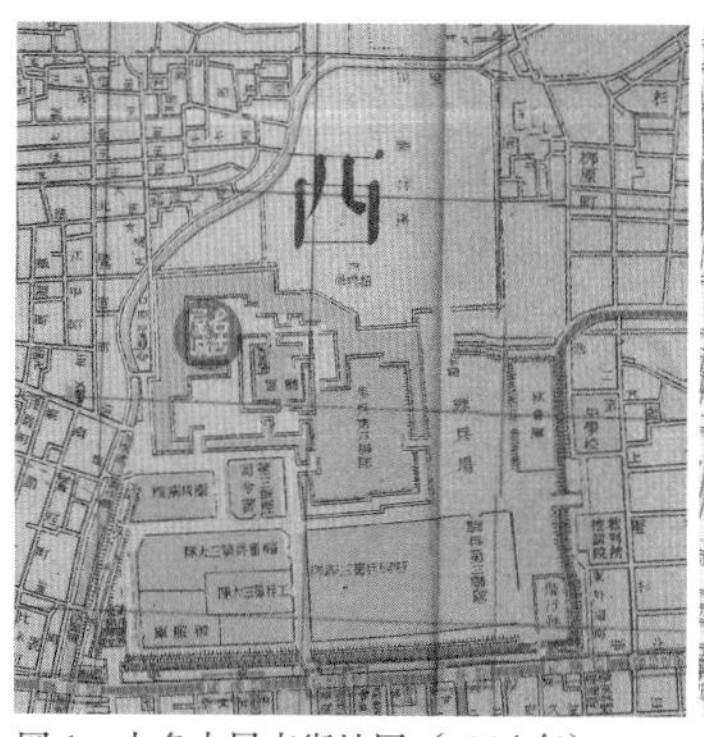
図 1　大名古屋市街地図（1924 年）
近藤泰泉氏蔵

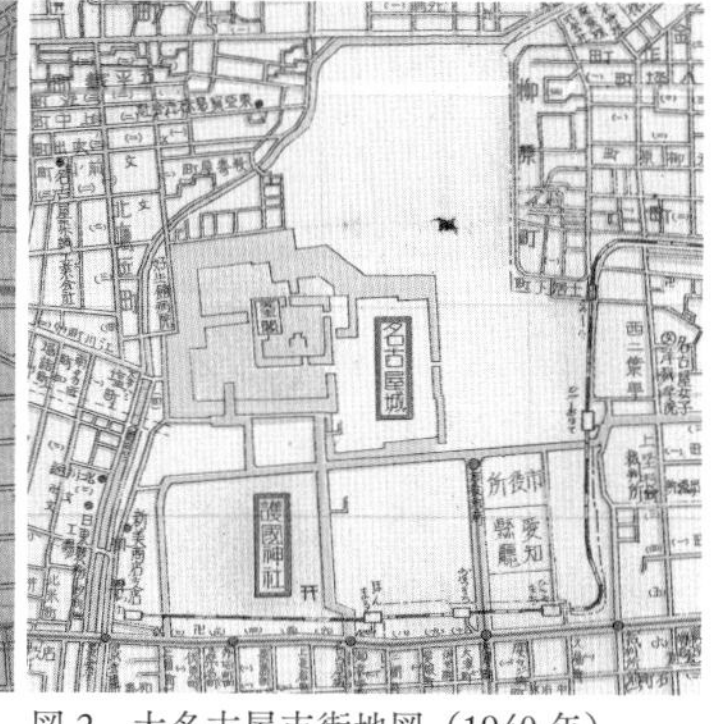

図 2　大名古屋市街地図（1940 年）

図 3　名古屋市焼失区域図（1946 年）
伊藤正博氏蔵

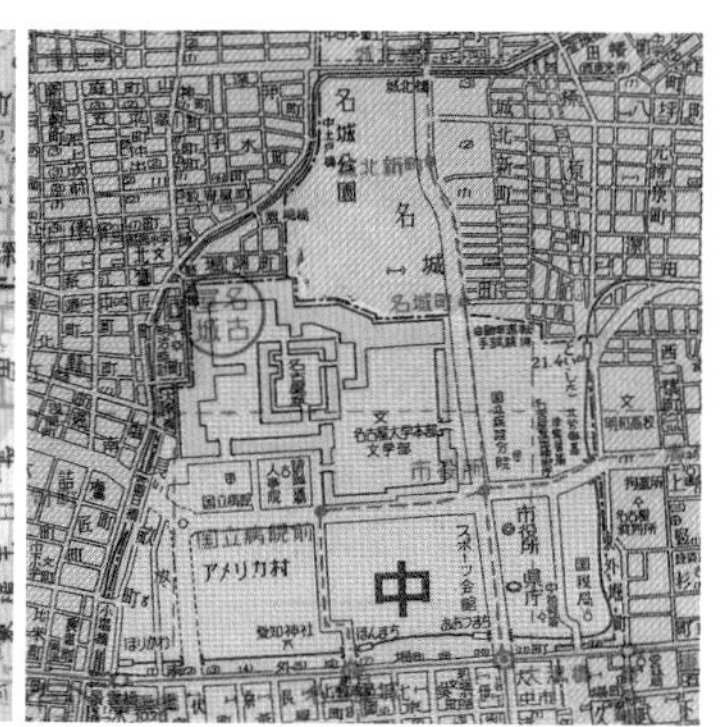

図 4　大名古屋市新地図（1955 年）

き取り：北海道への引き上げ命令が出た時、姉たちはみんな坊主にしたわね。男にみえるように。船に乗る前はロシア兵がパンとかおにぎりとかを全部割って、機密文書がないか調べた。親父の遺骨も持って帰れなかったから、おふくろがせめて日本の土を踏ませてあげたいと言って、骨を砕いてお茶に混ぜて飲んだな。

祖父がシベリアに抑留されたSさんの聞き取り：シベリアのすさまじい寒さに耐えての強制労働はつらかったが、それ以上に悲しかったのは死んでいった自分の部下たちの遺体を埋葬することであった。また、友人の一人は凍傷で両手両足を無くしてしまった。せっかく帰れることになったのに、あんなだるまのような姿になってしまって。かわいそうに、かわいそうに、と祖父はなんどもつぶやいていました。

沖縄出身のUさんの聞き取り。当時子どもだった祖母たちが避難していた所にカチミヤー（捕虜を捕える人）がやってきた。男は山の中へ逃げてしまい、女子供が残ってしまったので、それぞれ子どもたちは手をつないで、捕虜になるまいと思い小屋の周りを逃げ回ったが、捕まってしまった。捕まりたくないという恐怖とその時食べ物もあまりなく、捕虜になればなんとか食べ物が得られるという安堵感が入り混じった変な気持になったという。その後捕虜となり米と鍋を持ちながらアメリカーの後をついて行ったという。常に死の危機にさらされている状況の中で生き延びた祖母は人間的に非常に強かったのだとひしひしと感じた。

図5　大東亜忠霊碑

祖父がフィリピンに派遣されたI君の聞き取り：19歳で訓練学校を卒業した昭和元年生まれの祖父は、まず満州で3カ月の訓練をした後、フィリピンに派遣されることになったが、フィリピンへ行くには朝鮮の釜山の港から日本軍の船に乗らねばならなかった。それからフィリピンのマニラに到着するまでに、なんと3カ月もかかったという。五島列島あたりでアメリカの潜水艦からの魚雷攻撃のため、一度上海へ向かった。ここでも攻撃を受け、今度は台湾へ向かった。また攻撃を受けた。その後フィリピンのルソン島に上陸しようとしたがアメリカからの砲撃が待ち受けていた。こんな状況でマニラに上陸したものの燃料船が沈められたため、戦車を動かすことができず、行動手段は「足」のみとなり、祖父らは山奥で1年間、現地の人の育てた米を盗み、ヤシの実、バナナなどを食べ、終戦後2カ月たつまで命をつないだという。

名古屋でのちょっといい話も載せておこう。緑区のAさん：祖母が小学校6年生の3月19日の空襲の時、妹が防空壕の中で産声をあげた。お腹の大きな曾祖母に陣痛が来たが、きれいな水も布もない。その時「あたしたちが無事に産ましてやる」と女性陣が言ってくれた。曾祖父をはじめ男性陣が、爆音が止んだときに寺の境内に走って水を汲んできてくれ、焚火で沸かしてくれた。生まれた瞬間に歓声が上がり、よかったねと泣いて喜んでくれた。家に戻ってから、一日一食以下で芋の茎をしゃぶるという食生活ゆえ、乳飲み子を抱える曾祖母は栄養不足で満足に母乳も出なかった。祖母の下には育ち盛りの弟や妹がいたが、曾祖父が買ってきた米は末っ子の妹のためだと皆認識しており、候の米が食卓に上がっても誰一人食べず、曾祖母に食べさせたのでした。

聞き取り話の最後に私の曾祖母千代さん（明治13年生まれ、99歳の白寿でなくなる）の涙語りを載せておこう。私は曾祖母っ子である。高畑の実家の縁側で昔話を聞かされながら育った（1960年頃）。いろんな民話が高畑界隈を舞台にして登場する。その一つ「ある夜道、あるおじさんが美しい娘さんにお風呂をどうぞといわれて、気持ちよく入らせてもらった。その人は肥溜めに入ってござったそうだ」。狐に化かされた話である。そして戦争の話になると昨日のことのようによく覚えていて、「戦争中、B29が南のほうから飛んできて爆弾をおとしてった。それが庭にあった雪隠に命中して、糞がそこら中に飛び散って、たゃーへんだったわ」。家に爆弾が落ちなくてよかったと思ったが、三人の子どものうち長男俊彦は結核死、次男常寛（じょうかん）はガダルカナル島で戦死したとの話は聞いておられなかった。常寛さんの本名は寛一（ひろかず）であったが、千代さんの姉が谷汲山華厳寺に嫁いだこともあり、ご住職の市川円常さんの「常」をいただいて、兵役免除を願って名前を変え僧侶にしたのだが、赤紙から逃れられなかったとのこと。

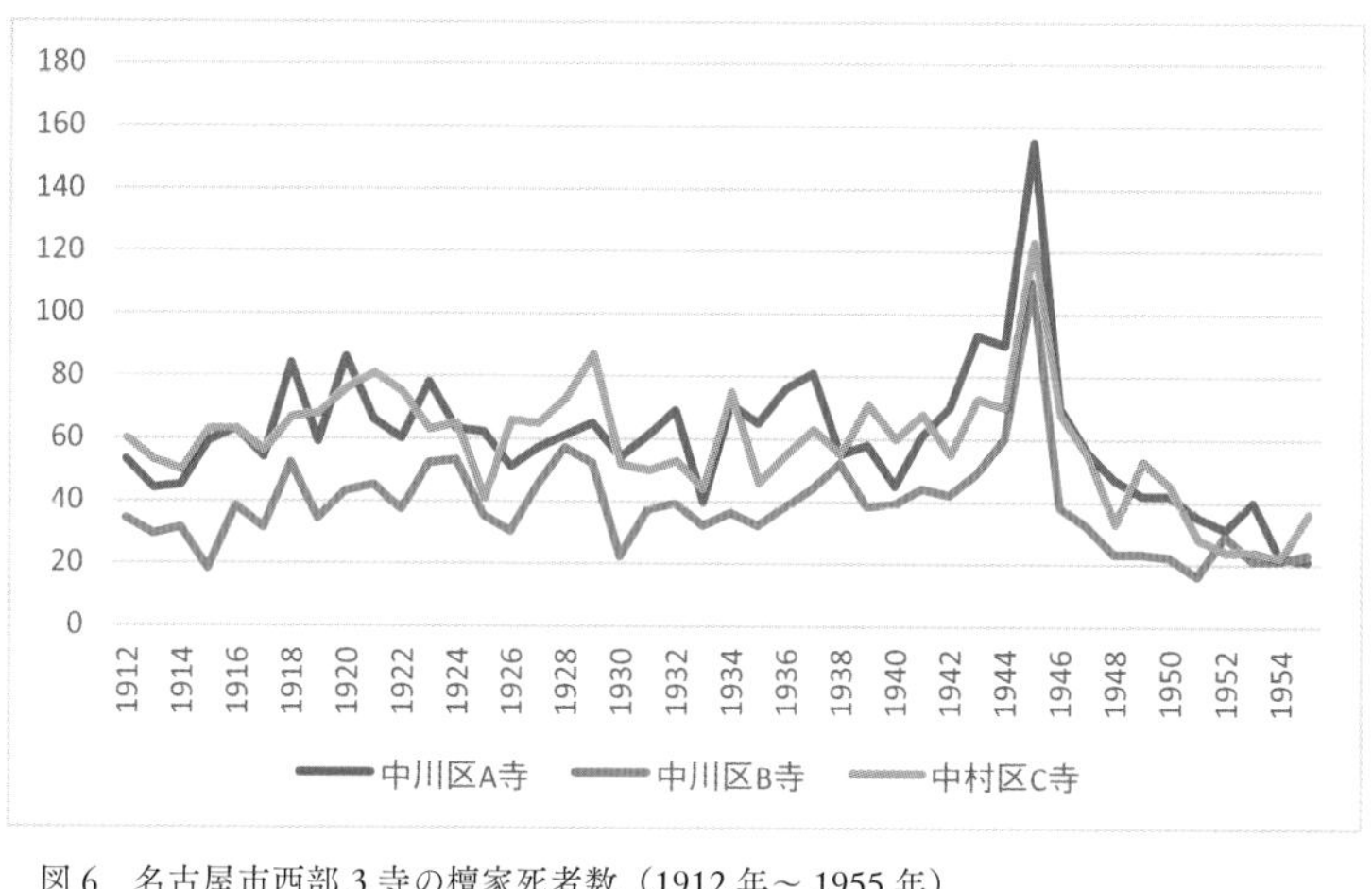

図６　名古屋市西部３寺の檀家死者数（1912年～1955年）

過去帳から見えてくる戦争

最近になって旦那寺（図6のA寺）で過去帳を見せていただいたが、昭和18年1月19日「溝口常寛、ガダルカナル島戦死」とあり、曾祖母の話は本当だったのだと思ったのに加えて、その前後にガダルカナル島でなくなった若き男性が七人も連記されていて目を覆った。どうも島の中でさまよったあげくの空腹死であったそうだ。境内に祀られている大東亜忠霊碑（図5）に溝口常寛と刻印されていたので、戦争のなき世を願って合掌せずにはいられなかった。

どなたにとっても身近に戦争犠牲者が必ずいらっしゃると思う。

わが旦那寺のほかに名古屋市西部の3カ寺を加えた１９１２年（大正元）から１９５５年（昭和30）までの檀家死者数を数えてグラフ化してみた（図6）。この43年間の各寺の年平均死者数はA寺61人、B寺38人、C寺59人であった。グラフを見て一目でわかるのが１９４５年の突出で、それぞれ平均の2倍以上の１５８人、１１０人、１２３人であった。さらに3寺とも１９４３年、１９４４年も平均以上で太平洋戦争中の犠牲者が多かったことがわかる。その他の年で、3寺共平均以上の死者が出ていたのは１９１８年、20年、21年、23年、24年、１９２８年、29年、37年、41年、死因は記されていないので断定はできないが、１９１８年、20年については、１３４ページの「スペイン風邪がやってきた」で触れたスペイン風邪による可能性が高いと思われる。

ドイツ人捕虜が名古屋で大活躍

いまにつながる文化・技術が生まれた

文／朝井佐智子・七條めぐみ

図１　ドイツ兵捕虜全員の集合写真
（『大正三四年戦役俘虜写真帖』から）国立国会図書館デジタルコレクション

図２　名古屋俘虜収容所全景
（『大正三四年戦役俘虜写真帖』から）
国立国会図書館デジタルコレクション

ドイツ人捕虜が名古屋にやってきた

1914年（大正3）、第一次世界大戦が始まる。日本は日英同盟に基づき、ドイツに宣戦布告した。ドイツの租借地、中国青島での勝利により、約4700名を捕虜（俘虜）として拘束した。彼らは、徳島県の板東収容所、千葉県の習志野収容所、広島県の似島収容所など各地の収容所に送られた。名古屋の収容所にも500名ほどが収容されたが、この捕虜の中に産業技術などの特殊技能をもつ者がいた（図1、2）。

優秀だったドイツの染色技術

陸軍省は、産業面での捕虜の技術指導や技能伝授は国家の産業発展、国民所得の向上など国家の利益に直結するとして理解があった。

図3　創業時の落合兵之助と捕虜　日本金液株式会社提供

図4　化学実験する捕虜　日本金液株式会社提供

それを受けて特殊技能をもつドイツ人捕虜を雇用し、積極的に新たな技術吸収に積極的な企業もあった。

大正時代の繊維織物の染色技術は、ドイツが秀でていた。そこで名古屋収容所所長の陸軍大佐中島銑之助が捕虜に技術伝授を依頼したところ、「国家秘密であり、また技術は高度すぎて日本人には無理である」と当初は断われたという。しかし、熱意も通じたのか、その後は名古屋市の「愛知物産」に、次いで一宮市尾西地区の「艶金」に就労し、近代的な染色技術を伝授するのみならず、最新の染色機械の輸入を援助した。「艶金」では、捕虜の指導に感謝し、家族同様に接し、捕虜も誠意と意欲をもって従業員に応えた。

このように、一宮の繊維産業の発展の裏側にはこうしたドイツ人捕虜の助力もあったのである。

ドイツ技師たちのリレーで金鍍金技術を伝授

現在の日本金液株式会社は、当初「落合化学」や「落合金鍍金」と称していた。創業者の落合兵之助社長は安全ピンの考案者であったが、ピンの錆の防止に困り鍍金技術の導入に懸命だった。その頃懇意だった名古屋区長（市長）からドイツ兵捕虜の中の特種技能者を雇用してはどうかと示唆をうけ、マックスとクーヘンの両技術工と通訳1名を雇用する。その後鍍金技術に詳しい化学将校エンゲルホンがいることを聞き、共同研究を開始する（図3、4）。第一次世界大戦終結に伴い、捕虜の大半は帰国したにも関わらず、エンゲルホンは研究半ばとして名古屋に残留し、兵之助とともに研究を続ける。その後、学友のカールメルクをドイツから呼びよせ雇用者とし共同研究をする。エンゲルホン、カールメルクら二人はドイツに帰り代わりにメルク社のペテルセン技師を推薦して日本へ送った。さらに、世界でも有数な化学会社デクサ社のデシャウエル博士が来日する。この間技術開発の実績を続けついに海外製品

図5　敷島製粉の故障した動力機と修理した捕虜と会社関係者。これが縁で敷島はパンの製造販売に乗り出す。名古屋市市政資料館蔵

と比肩しうるレベルにまでに至った。以上は、ドイツ人の好意による珍しい技術伝授のリレーの事例である。

パン・菓子の製造技術でも多大な貢献

敷島パンが敷島製粉の社名で半田市にあった時期に、捕虜が製粉工場の動力機の故障を修理した（図5）。これが縁で敷島パンはパンの製造にのりだした。フロインドリーブ（その後神戸で洋菓子「フロインドリーブ」を開店）が初代技師長として技術指導にあたり、試作品「桜パン」生み出した。現在も「敷島製パン株式会社」は、国内有数のパン製造業者として活躍している。

山本洋菓子店（東区東片端の喫茶店「ボンボン」の前身）もドイツ人捕虜を雇い、洋風菓子の製造販売に成功したケーキ店である。他にも名古屋駅近くにあった日清製粉のパン製造部門（後日東京へ移転）や東区相生町の加藤庄吉商店などもドイツ人捕虜が活躍した企業であった。

いずれにしても、パン職人やケーキ職人として中国青島やドイツ本国で腕を振るっていた技術を、捕虜として名古屋で活かし、日本の食文化に大いに貢献したのである。

音楽で交流

このようにドイツ人捕虜との交流により、多くの技術、産業が伝わり、現在にも残されているものは多い。最後に、当時の人々の心に残ったもの、音楽活動による交流について紹介する。

ドイツ人捕虜の音楽活動というと、最もよく知られるのは板東収容所におけるベートーヴェンの交響曲第9番の日本初演だろう。しかし実際には、日本各地の収容所で捕虜による音楽活動がおこなわれており、名古屋収容所もその例外ではなかった。しかも名古屋では、収容所が都市部に建てられたことから、捕虜と市民の間に音楽を通じた交流が生まれた。

松坂屋の音楽隊♪

捕虜と市民の音楽交流としては、まず1914年（大正3）11月におこなわれた「いとう呉服店少年音楽隊」による演奏が挙げられる。この音楽隊は、いとう呉服店（のちの松坂屋百貨店）が展開する娯楽の目玉として、1911年（明治44）に誕生した洋楽演奏団体である。当時の名古屋では西洋音楽の

図6　いとう呉服店で少年音楽隊の演奏を聴く捕虜たち　J．フロントリテイリング史料館蔵

導入が急ピッチで進むものの、まだまだ邦楽へのなじみが深く、洋楽専門の演奏団体はきわめて目新しい存在だった。少年音楽隊の楽長には、海軍軍楽隊出身の沼泰三が迎えられ、最新鋭の軍楽隊の訓練方法やレパートリーが取り入れられた。まさに「時流の先端を行く」少年音楽隊は、1914年11月25日に収容所を訪れ、捕虜のためにワルツ数曲と〈ラインの守り〉を演奏した。〈ラインの守り〉は19世紀半ばにつくられた愛国的な軍歌で、普仏戦争や第一次世界大戦中にドイツ国歌として親しまれていた曲である。軍楽隊出身の沼泰三が、このような背景を無視して〈ラインの守り〉を選曲したとは考えにくく、この曲の愛国的な意味を理解した上で演奏させたことは明らかである。音楽隊の演奏に対し、捕虜たちは「懐かしさに堪え無い」様子で、「感激の面を輝かして総立ちになって盛んに合唱した後、もう一度と所望した」と伝えられている。なお、少年音楽隊の訪問から間もない11月28日には、捕虜たちが市内散策に出かけた際にいとう呉服店を訪れ、音楽隊の演奏を再び聴いたとされる（図6）。

ドイツ人捕虜自身による音楽活動もまた、収容所内でさまざまな形でおこなわれていた。いち早く成立したのが男声合唱団（図7）で、1915年（大正4）には40人規模の団体になった。一方で、楽器の演奏が盛んになったのは、収容所が東別院から大曽根へ移転した1918年（大正7）以降のことである。同年7月には、20人規模の「弦楽オーケストラ」があったとされるが、残された写真からはヴァイオリンのほかにチェロ、コントラバス、フルートを持つ捕虜の姿や、ピアノも保有していたことが見て取れる（図8）。

図7　男声合唱団
ハンス＝ヨアヒム・シュミット氏蔵

名古屋市民にも ドイツ人捕虜の音楽を

1918年11月に第一次世界大戦の休戦協定が結ばれ、ドイツの敗戦が決まると、日本国内での捕虜に対する規制が緩和された。これにともない、名古屋では捕虜が収容所の外に出て音楽を演奏する機会が設けられるようになった。その始まりとなったのは、1918年12月15日の陸軍第三師団将校向けの演奏会である。この時、収容所所長の中島銑之助は音楽会を一般公開にしたいと考えていたが、陸軍省の許可が降りず、第三師団の将校とその家族にのみに向けて開催されることになった。会場は陸軍所有の偕行社（名古屋市中区）で、ヨハン・シュトラウスの〈美しき青きドナウ〉やワルドトイフェルの〈スケーターズワルツ〉、ヴァーグナーの《ローエングリン》より〈婚礼の合唱〉、歌曲〈ローレライ〉など、全11曲が演奏された。

図8　捕虜のオーケストラ　ハンス＝ヨアヒム・シュミット氏蔵

製作品展覧会での演奏会

捕虜の演奏を一般公開する試みは、1919年5月27日の「音楽運動会」と6月22日～30日の「捕虜製作品展覧会」で実現することになる。「音楽運動会」については、鶴舞公園で捕虜による運動と音楽の公開イベントがおこなわれたという事実のみがわかる程度だが、「捕虜製作品展覧会」については開催状況がより詳しくわかっている。この催しは、名古屋市中区門前町にあった愛知県商品陳列館でおこなわれた一般公開のイベントで、捕虜が製作した木工品、絵画、食品や労務先で製作した機械

図9　製作品展覧会での演奏風景（絵葉書）　名古屋市博物館蔵

等が展示・販売され、のべ10万人が来場したという（図9）。商品陳列館の中には「演奏室」が設けられ、そこで毎日1時間程度の演奏がおこなわれていた。この時の演奏されたプログラムは全30曲からなり、行進曲、舞曲、オペラなど劇作品からの抜粋、声楽曲が含まれた。おそらく30曲通して演奏するのではなく、異なるジャンルの曲をいくつかピックアップしながら演奏していたと思われる。全体として、展覧会を盛り上げるための機会音楽のような性格が強いプログラムだが、中にはドイツ＝オーストリア帝国を賛美する曲も含まれる。これには、ドイツが敗戦し皇帝がいなくなったことに対する哀悼の意が込められていたのかも知れない。

名古屋のドイツ人たちは、戦時捕虜でありながら、ものづくりの伝道師としてだけではなく、音楽を通じた国際的な文化交流の相手としても存在していた。こうした交流は名古屋収容所のみならず、日本各地の収容所でおこなわれていたのである。

加えて、ドイツ菓子店「ユーハイム」やハム・ソーセージ「ローマイヤー」などのドイツ料理やビールをはじめ、数多くのドイツ文化や産業・技術なども日本に伝えられている。

このように、ドイツ人捕虜との交流は、我々にさまざまな変化をもたらし、現在も脈々と続く文化的伝統を残してくれた、知られざる贈り物とも言えよう。

＊本稿執筆にあたっては、故校條善夫氏の資料を適宜参考にさせていただいた。感謝とご冥福の気持ちを捧げたい。

戦前名古屋の在留外国人

国際交流とコミュニティ

文／吉田達矢

図１　第一回国際親善交歓会（「名古屋新聞」1931年11月8日）

図２　第二回国際親善交歓会（「名古屋新聞」1932年11月15日）

国際交流

当時の名古屋における国際交流に関する記録はあまり見受けられないが、少なくとも「国際親善交歓会」の第一回が１９３１年（昭和６）11月７日、第二回が翌年11月14日に開催された。

第一回は揚輝荘（ようきそう）にて午後２時からおこなわれ、名古屋市および近県在留の13カ国の外国人41人、日本人65人が集った（図１）。「君が代」合唱後、伊藤次郎左衛門祐民（すけたみ）・下出（しもいで）義雄両名による開会の言葉、カナダ・中国・ドイツ・日本・アメリカの代表諸氏の祝辞があった。その後、宣教師ブカナン（ママ）による「沖のかもめ」・「春高楼の宴」の独唱、少年・少女合唱団による国際歌の歌唱、中国人の曲芸などの余興が催された。第二部は園遊会となり、参加者はコーヒーやサンドウィッチを頬張りつつ賑やかな談話に興じ、午後４時半に散会した。

第二回は御幸本町（みゆきほんまち）にあった伊藤銀行楼上昭和ホールにて午後７時過ぎに始まり、12カ国の外国人32人、日本人45人が集った（図２）。「君が代」合唱後、下出義雄の開会の言葉、中華民国副領事・アメリカ副領事・カナダ人宣教師などの祝辞、東海中学教師ヴカナン（ママ）の独奏、日本舞踊家の西川里喜代らによる長唄「浦島」などがおこなわれた。第二部は室内園遊会となり、模擬店ではビールが出され、午後10時過ぎに盛会に終わった。

主なコミュニティ

①中国人

彼らが在留外国人のなかで最大人数となったのは、『名古屋統計書』の統計上は１９１１年（明治44）で、以降少なくとも１９３８年（昭和13）まで最多であり続けた（同書では１９３９年以降の在留外国人の統計記録はない）。１９２２年（大正11）に彼らの人口は激

図3　中国人街（南京街）の食堂（「名古屋新聞」1924年9月28日）

図4　名古屋モスク（『The Nagoya Muslim Mosque』名古屋トルコ・タタールイスラム教会、1937年）

増し、その頃に御器所（ごきそ）町白金で中国人街（通称「南京街」）が形成された（図3）。後年には、西区則武（のりたけ）町などに居住する者たちもみられた。彼らのなかには、行商人、労働者、理髪師、料理人、留学生など、多様な者たちがいた。彼らの人数は１９２９年に９３５人で最多となったが、翌年以降減少していき、１９３８年には２２１人になった。その要因として、経済不況、満州事変や日中戦争の勃発による日中関係の悪化が考えられる。

②タタール人

当時の名古屋在留露国（ロシア）人の多くが、実際には「中央アジア出身のイスラーム教徒（タタール人）」だったと思われる。彼らは大正末頃より名古屋にやってきた。以降、少なくとも１９３８年まで数十名前後が名古屋で暮らした。彼らは当初、当時の西区上畠（うわばた）町や天神山町付近に居住した。その後、彼らは今池三丁目に「名古屋モスク（イスラームの礼拝所）」を建立する（１９３７年1月22日に落成式が催された）（図4）。彼らの多くは洋服や金物の行商人として生計を立てていた。

１９３６年9月頃の彼らの様子を、「新愛知」では次のように記している。

「彼らはイスラーム教を世界一優秀な宗教だと信じ、我国の神道にも一脈相通ずるところがあると、最近は盛んに日本人に呼びかけている程だ。性質は比較的勤勉で酒は禁じられている。煙草も少数の者が吸うのみ。だから生活は割合に豊かである。今までかつて警察のご厄介になった者がないと自慢している。（中略）お茶は亜熱帯の乾燥育ちだけにガブガブ飲む。名古屋での彼らのリーダーたるハミドリンさんの如きは、一回に紅茶十杯は平気で飲む（後略）」（現代語風に改めた）

③朝鮮半島から来た人たち

彼らについては、１９１０年（明治43）の「韓国併合」のためか、それ以降は『名古屋市統計書』では外国人として扱われなくなる。彼らは大正末頃より大量に来名するようになり、１９３９年時点で名古屋での彼らの人口は約4万人とされ、その多くは工場労働者であったが、工場経営者もみられた。

「丙午生まれ」の悲劇

迷信で命を絶った女性たち

文／松浦國弘

かつて女性にとって結婚は「永久就職」とも呼ばれ、人生の大きな目標の一つであった。

今日では結婚適齢期という言葉は死語となっているが、昭和40年代前半頃まではその言葉はまだ生きていた。適齢期は何歳ぐらいを言うのかはその時代によって異なるが、昭和40年頃では25歳前後ではなかったかと思う。

丙午とは？

ここで取り上げた大正後半期の女性の適齢期はおよそ20歳前後であり、今日以上に「適齢期」という言葉はうら若い女性にとってはひどく堪えたものである。特に当時の「丙午」生まれの女性にとってはこの言葉は刃を突きさされたような残酷な言葉として受け止められていたに違いない。

「丙午」（丙の兄の午）とは古来中国から伝わった干支、つまり十干（甲、乙、丙、丁、戊、己、庚、申、壬、癸）と十二支（子、丑、寅、卯、辰、巳、午、未、申、酉、戌、亥）、それに五行説（木、火、土、金、水）を複雑に組み合わせ、日時の良否、善悪（大安、友引、仏滅等）を占ったものである。今日はいい日だとか悪い日だとか、まことしやかに語り継がれてきたのであるが、それが人の運命までをも左右することともなればことは重大である。

*今日では結婚は生き方の一つにすぎず、結婚するもしないも本人の自由であり、その意味で〈適齢期〉とか〈永久就職〉とかいう言葉は女性蔑視語（差別語）として使われなくなっているが、ここでは大正期の結婚を説明するにあたってあえてこれらの言葉を使った。

私たちが目出度いとされる還暦（60年で再び生まれた年の干支に還ることをいい、長生きしたことを祝う）も、その干支と五行説によったものであり、同じように丙午に生まれた人も60年ごとに巡ってくるものである。この年に生まれた女性は昔から気性が烈しく男性を食い殺すという迷信があり、特に結婚の相手として最も忌み嫌われた存在となっていた。

女性たちの悲劇

私たちは明治改元以来今日までの丙午の年は1906年（明治

「ひのえ午」生れの迷信から悲劇

婚期の延びるを悲観し家出

美貌の主でありながら丙午の生れであると云ふ例のくだらぬ迷信に呪はれて徒らに婚期が延びるのを悲観して自殺の遺書を残して四十日前に家出した可憐な娘があるその娘は愛知縣東春日井郡坂下村大字廻間伊藤勉の妹でなに子(二二)である同女は名古屋市東區代官町丸織工場の工女で性質はきはめて内気な同工場でも模範とされてゐたもので工場の人々や遺書の内容から見ても男女關係ではないやうで全く丙午生れのため友達がどんどん新しい生涯に入つて行くのに自分のみ徒らに婚期を逸するのを

「新愛知」1926年1月28日

39）と１９６６年（昭和41）の二度経験しているが、ここで取り上げる丙午は１９０６年生まれの女性についてである。この年を迎えるや新聞は早々「丙午の産声」と題し1月1日に生まれた女児の将来を慮った記事を載せている。

〈福井県福井遊廓の芸妓八重子（三十一）は新年早々、而も元旦に安々と女の子を産み落したりと。其子は玉の如く美しきか、瓦の如く醜きかを知らねば成人の後、男を食ひ殺すや否やも一寸判じ兼ぬるなり〉（「新愛知」１９０６年１月2日）

この記事が掲載されて以降は、しばらくの間、丙午に関する記事は鳴りを潜めるが、適齢期を迎えた大正後半期になると丙午生まれの女性に関する記事、特に悲劇的記事が頻繁に取り上げられるようになってくる。

その最初の記事は16歳になる人妻の列車飛込み記事（「若い妻の轢死」「名古屋新聞」１９２０年11月12日）であった。結婚はしていたものの周囲のいびりなどもあって将来を悲観し自ら命を絶った事件である。この事件の数年後、20歳前後になる丙午生まれの女性の悲劇事件が頻繁に新聞を賑わせ始める。以下は１９２５、２６年時に地元の「新愛知」、「名古屋新聞」に掲載された丙午に関する記事である。

- 「瀬戸の同性心中　親のない娘との悲しみと丙午生れの女の悶え」（「名古屋新聞」１９２５年１月10日）
- 「丙午生れを悲観して轢死、美しい女髪結ひの浅墓な最後」（「新愛知」１９２５年8月11日）
- 「丙午娘　劇薬で自殺」（「新愛知」１９２５年9月10日）
- 「ひのえ午生れの迷信から悲劇　婚期の延びるを悲観し家出」（「新愛知」１９２６年1月28日）
- 「娘の自殺　丙午生れの故」（「新愛知」１９２６年1月28日）
- 「丙午の女工　まだ行方不明」（「新愛知」１９２６年1月29日）
- 「みいさんは死んで居た　丙午生れ故　家出した女」（「新愛知」１９２６年2月3日）

・「丙午を苦にし　名古屋女家出」（「名古屋新聞」1926年2月25日）
・「丙午の娘を嫁にくれ　イヤやらぬ……で裁判沙汰　元村長の娘さんと一流旧家の息子」（「名古屋新聞」1926年3月5日）
・「兄嫁に虐まれ丙午の嫁自殺　離縁せよとの話に」（「名古屋新聞」1926年3月13日）
・「同性心中　汽船から投身」（「新愛知」1926年5月7日夕刊）
・「せまい女心　丙午の迷信で婚期が遅れた」（「新愛知」1926年6月2日夕刊）
・「丙午娘の悲観　毒薬自殺を図る」（「名古屋新聞」1926年6月3日）
・「丙午の女が自殺を企つ」（「新愛知」1926年7月24日）
・「丙午の娘自殺」（「名古屋新聞」1926年9月4日）
・「ひのえうまの娘列車自殺　良縁のないのを悲観」（「名古屋新聞」1926年11月4日）
・「三保にさまよふ丙午の女」（「名古屋新聞」1926年12月1日）
・「丙午娘の轢死（れきし）から百万長者の妻縊死　なさぬ仲の娘として世間の噂に苦しむ」（「名古屋新聞」1926年12月4日）

　このように多くの若い女性が迷信によって自殺するようになると新聞も著名人による啓発記事をしばしば掲載するようになってくる。名古屋を舞台に製作された映画『丙午の女』（石巻良夫監督・サクラプロダクション）も啓発のその一つであるが、長い間、市民の心の根深く定着してきたこの種の迷信はそう簡単には取除くことはできなかった。啓発が続く一方、昭和に入ってからもこの種の自殺は跡を絶たなかった。

　丙午による自殺が多発した大正末から7年経った1933年（昭和8）5月16日の「名古屋新聞」に掲載された「丙午ゆえ婚期失った娘　伊豆で服毒」という記事は今日から見ればこれから結婚するにも決して遅くないまだ27歳の若い女性であったが、丙午生まれゆえに婚期を逸したことを悔い将来を悲観し自殺したものである。

三度目の丙午の年がやってくる

　以上は大正後半期を中心に丙午迷信による悲劇を見てきたが、もちろんこれら新聞が報じていたのは氷山の一角であり、新聞が報じていない数多くの悲劇事件が県下各地で起きていたことは想像に難くない。おそらく全国的に見れば丙午迷信によって命を絶った女性がどれほどいたであろうか、想像するにも恐ろしいくらいである。

残念ながらこの種の自殺についての公的統計はない。

もちろん1906年（明治39）生まれの丙午女性のすべてが前述してきたような悲劇の主人公になってきたわけではない。その大半の女性は社会の荒波に抗って生きてきた。独身を通さざるを得なかった者、あるいは多かれ少なかれ周囲にいびられながら家庭を築いてきた者が大半ではなかったかと思う。

戦後、日本の社会も大きく変わり科学的に物事を考える時代にはなったが、それでもここに紹介した丙午迷信やそれ以外の幾多の迷信が私たちの生活の奥深く潜んだままである。明治以降二度目の1966年の丙午年の人口減少はどのように解釈すればよいのだろうか。厚生労働省の人口統計表によれば、この丙午年の出生数は136万人、前年（同182万人）と比較し35万人減、後年（同194万人）よりも58万人も減じている。これは1906年の丙午年の前後年の人口減よりはるかに大きい。

この人口減少の主な要因の一つは前年の2月頃から翌丙午年の2月頃までの両性による性的節制（避妊）によったこと、いま一つは丙午年に生まれる予定の人工妊娠中絶によったことの二点が考えられる。後者の人工妊娠中絶は前者の性的抑制に失敗した者がやむなくおこなったものと考えられる。この妊娠中絶は戦後、漸次増加していくが、1955年をピークに年々減少傾向を辿る。1966年のそれはその前後の年と比較して、またそれ以外の年と比べても多少高くはなっているが（『人口統計資料集』国立社会保障・人口問題研究所、2020年版）、思ったほど高くはなっていない。おそらくこの年、数字に表れない闇の人工中絶が多数おこなわれていたのではないかと考えられる。

4年後の2026年には明治改元以降3度目の丙午年がやってくる。果してこの年の人口出生動態はどのようなものになるであろうか。市民がもうこの丙午迷信に左右されなくなっていることを期待したい。

最後に1906年丙午生まれの、大正期、昭和戦前期、戦後と暗い世相の中を生きてきた女性たちのなかには数多くの著名人もいたが、その中の一部をここに紹介してこの稿を閉じたい。

女優・杉村春子、筑波雪子、瀧花久子、松井潤子、教育者・大村はま、詩人・永瀬清子、同中野鈴子、翻訳家・大宅昌、文芸評論家（翻訳家）・山室静、声楽家・四家文子、芸者歌手・赤坂小梅、市丸、音丸、服飾デザイナー・田中千代。

名古屋で出ていた詩誌

前衛詩人たちとその時代

文／木下信三

たまたま手許に所蔵する、大正期から昭和戦前期に名古屋で発行された詩誌について、その写真とともに簡単に紹介してみたい。

モダニズム詩運動の拠点として

名古屋発行の純粋詩誌、つまり詩文作品のみを収載の雑誌にかぎれば、そのもっとも早期のものは1921年（大正10）前後の発行といえようか。とりわけ井口蕉花と春山行夫が中心の「青騎士」（1922年〔大正11〕創刊）は、名古屋におけるモダニズム詩運動の嚆矢であり、井口蕉花の新象徴的詩風を受けながら詩的感性と知性を錬磨した春山行夫は、やがて日本の前衛的詩運動の中核的存在にまで成長するにいたった。

春山は同誌創刊号において〈青騎士が素晴らしい緊張した青春をもつて創刊された。茲に私達の希望と讃悦が漲つてゐる、そして大きな生命の綱がある〉と述べた。高木斐瑳雄、斎藤光次郎、佐藤一英、三浦富治らを同人として15号まで刊行された。なお、上京直後の春山は、名古屋の亀山巌、斎藤光次郎らや東京の詩人たちとともに「謝肉祭」（1926年〔大正15〕創刊）を編集発行した。表紙には〈日本に於ける正踏派近代派輓近派分離派によれる詩誌〉と刷りこまれた。

名古屋のモダニズム詩運動はさらに山中散生の「シネ（Ciné）」（1929年〔昭和4〕創刊）において推進された。亀山巌、春山行夫、折戸彫夫、門田穣らのほか、稲垣足穂、北園克衛、阪本越郎、上田敏雄らも寄稿した。そして、しだいに日本のシュルレアリスム詩運動にも貢献する前衛的な位置を占める詩誌に発展していったが、9号をもって終刊した。山中散生の活動はブルトン、エリュアール共著（江原順編訳）『シュルレアリスム簡約辞典』（パリ発行）において〈日本のシュルレアリスム運動の推進者〉と高く評価された。

この「シネ」を継承するのが、山本悍右の編集発行によるシュルレアリスム詩誌「夜の噴水」（1938年〔昭和13〕創刊）で、山中散生、北園克衛、村野四郎、野田宇太郎の詩作品や、ポール・エリュアール、ギイ・レヴィス・マノらの作品を掲載したが4号で終わった。このような雑誌は国民の士気を弱めるものだという警察の

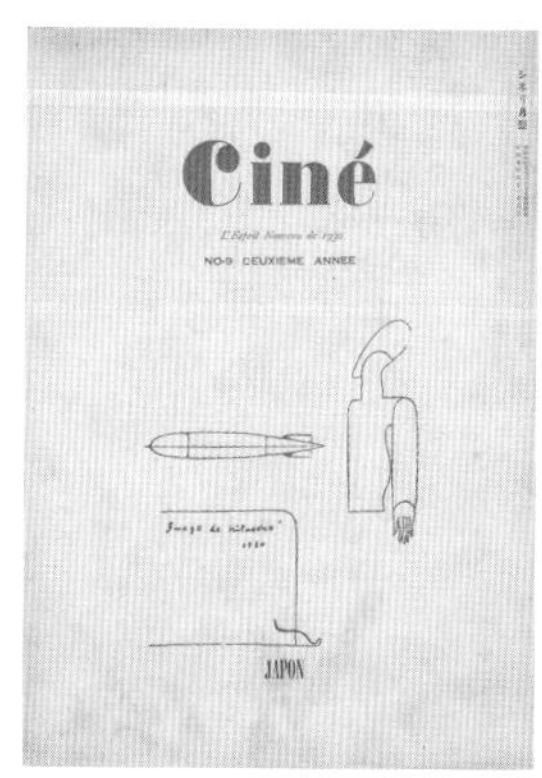

Ciné

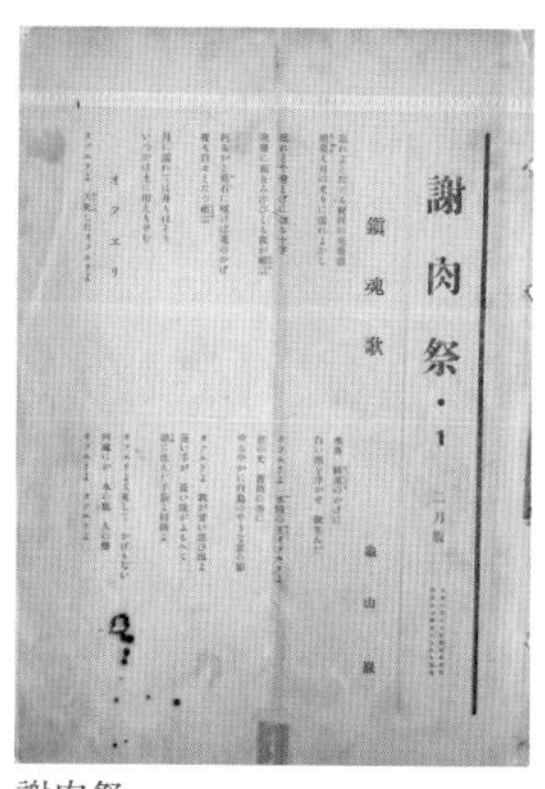

謝肉祭

青騎士

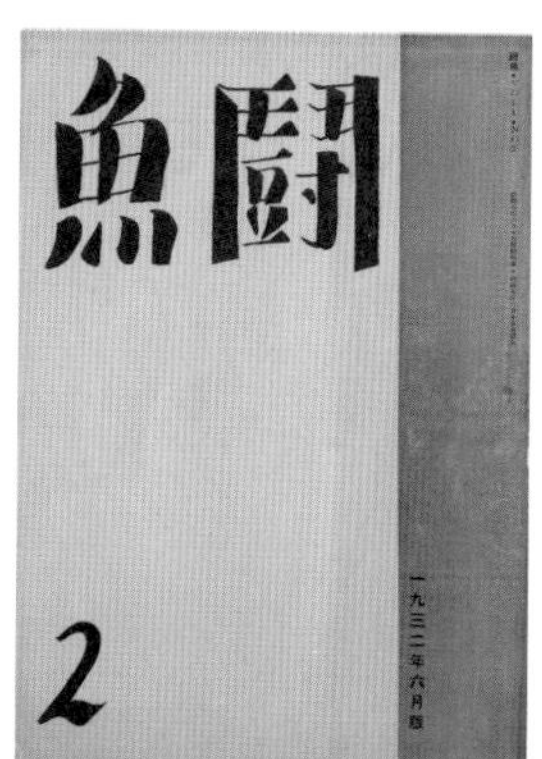

闘魚

海盤車 ÉTOILE DE MER

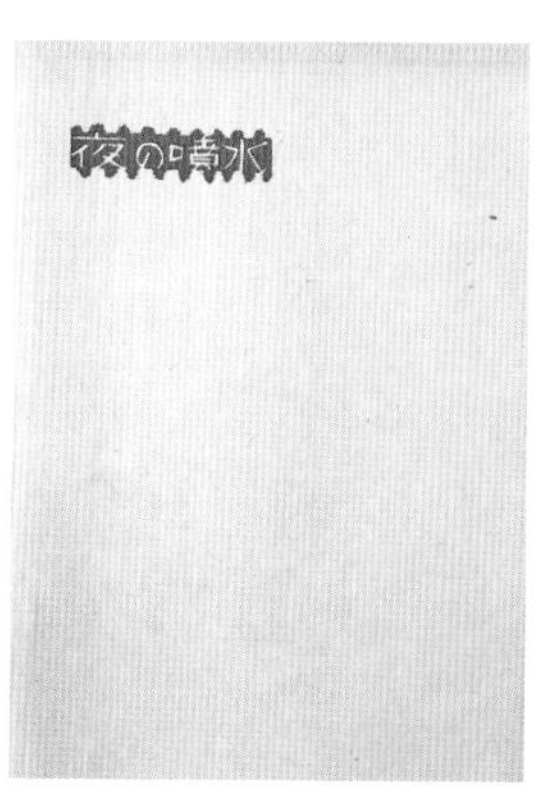

夜の噴水

弾圧により続刊不可能となったのだ。安部栄四郎（のちの人間国宝）の手漉き和紙を使用した実に瀟洒にして風雅ある高踏的な詩誌であった。

なお、名古屋発行のシュルレアリスム系詩誌として麻生正の「海盤車（ÉTOILE DE MER）」28号（1937年〔昭和12〕発行）がある。たまたま麻生が転勤先の名古屋で出したものではあったが、アンドレ・ブルトンの作品を表紙絵とした大判のみごとな編集であった。

純粋詩の探求

さて、新興芸術詩派の坂野草史が山中英俊と発行した「闘魚」（1932年〔昭和7〕創刊）は、作品主義による詩の純粋性を探求しようとしたもので、5号まで続刊した。また、同時期の「新興名古屋詩壇」（1932年〔昭和7〕創刊）は、名古屋詩壇のメインストリー

海扇

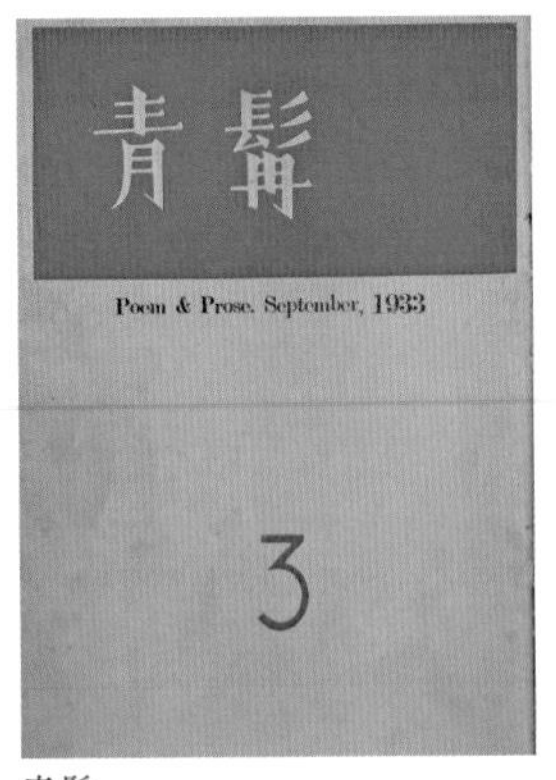

青髯

新興名古屋詩壇

ト建設を希求して山中英俊が発行したものだが、1冊で終わった。1933年（昭和8）、坂野草史は「鬪魚」の立場を高揚し純粋な新興芸術団体と発展すべく、中條雅二、杉本駿彦らと「青髯（Barbe Bleue）」を創刊した。坂野の作品は瀟洒な詩的感覚の浸透した清新な情趣があり、モダニズムとサンボリズムの匂いを漂わせながらも、滑らかな浪漫性を有する新興芸術派の先駆的旗手にふさわしいものがあった。

そして「青髯」3冊に続いて「海扇（Petoncle）」（1933年〔昭和8〕創刊）を発行したが、2冊のみで終刊した。

同じ1933年（昭和8）、中井登良雄（園部映二）は小保方幸翁と「楡の木」（第3号より「楡」と改題）を創刊した。より純粋な文学活動を提唱して新詩運動を展開し、杉本駿彦、折戸彫夫、平野信太郎らを迎えつつ、作品主義による運動を目指して6冊ほど続刊した。

ところで、以上の詩誌のように前衛的、新興的な旗印を掲げないものの、温和で漸進的な自らの詩精神に則って活動したいくつかの詩誌が存在する。たとえば、〈最も深く人間の姿を把握した作品を〉と柴山宏が発行した「傀儡」（1932年〔昭和7〕創刊）や、馬渕麟の「麒麟」（1933年〔昭和8〕創刊）などである。短期間ではあったが、真摯な活動であった。

民衆詩派

さて、これまで紹介してきた詩誌の数々は、大別すればいわゆる芸術詩派に属するものであったが、つぎはそれに対するもうひとつ、民衆詩派にくみする詩誌を取りあげてみたい。

昭和初期、名古屋詩壇にプロレタリア詩の存在を確立したのが落合茂と鈴木惣之助による「社会詩人」である。同誌は、1928年（昭和3）「都会詩人」として創刊されたが、11号より「社会詩人」（1930年〔昭和5〕）と改題され、通巻29号（1935年〔昭和10〕）まで続けられた。芸術詩派による詩作品をプチブル・イデオロギーによる文学的遊戯とみなし、生活的な根底にプロレタリア精神のある詩作品を確立しようとした。落合、鈴木のほか、山中英俊、内藤信吉、

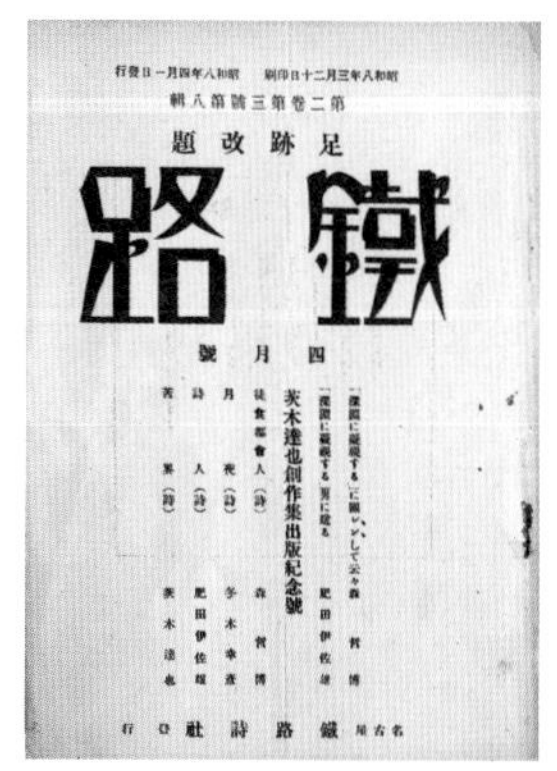

鉄路

社会詩人

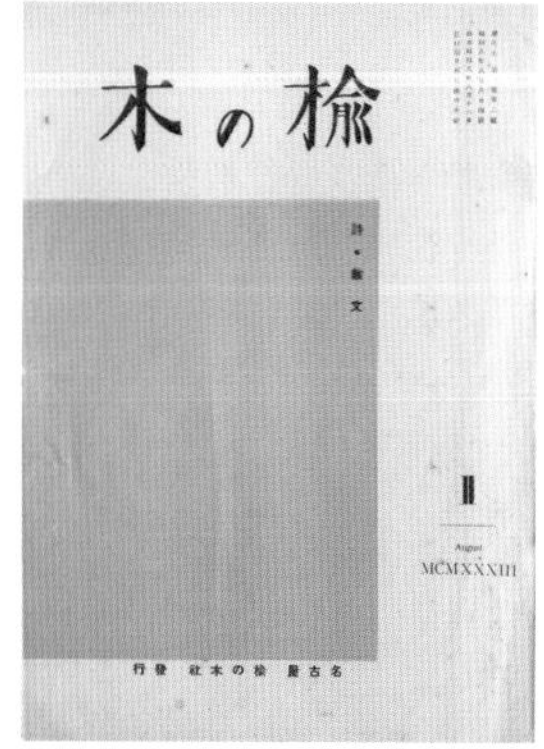

楡の木

以前

傀儡

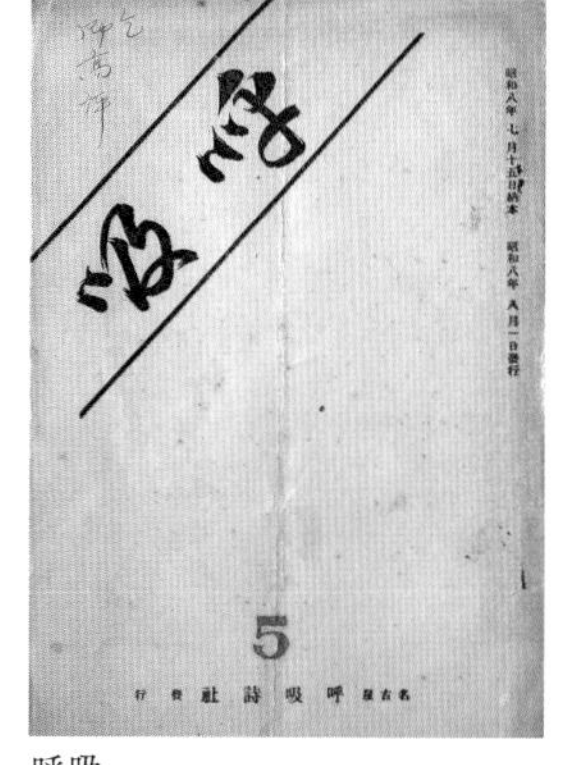

呼吸

町井猛らが参加した。

昭和恐慌のまっただなかの1931年（昭和6）春、横井簑介、大原礦之介、上村一夫、梶野重之により「以前」が創刊された。小冊子ながら思想弾圧への暗喩をうたいあげた抵抗詩誌であった。

1933年（昭和8）4月、「足跡」を改題した「鉄路」は、茨木達也、森哲博、冬木幸彦、肥田伊佐雄らが集い、〈俺達は俺達の鉄路に火花を散らせて驀進する。…俺達は此の鉄路を最後まで突っ走ることだ〉と標榜して、社会派路線への志向を明確にした。

一方、茨木達也や肥田伊佐雄らの「足跡」を離れた内藤登志は、1933年（昭和8）2月に「呼吸」を創刊して地道な詩活動を展開した。5号まで確認されている。

「大阪毎日新聞」1936年11月25日
（上）大須の万松寺新天地通
（右）建設中の愛知県庁、後方は名古屋市役所

Ⅳ 戦前愛知のすがた

豊橋のシンボル「市電」

文／岩瀬彰利

【豊橋市】

豊橋駅を降りると、東海地方で唯一となった珍しい路面電車が走っているのを見ることができる。この路面電車は、豊橋では「市電」と呼ばれ、市民から親しまれている。「とよはし市電を愛する会」によって4月10日は「市電の日」と制定されているほどである。

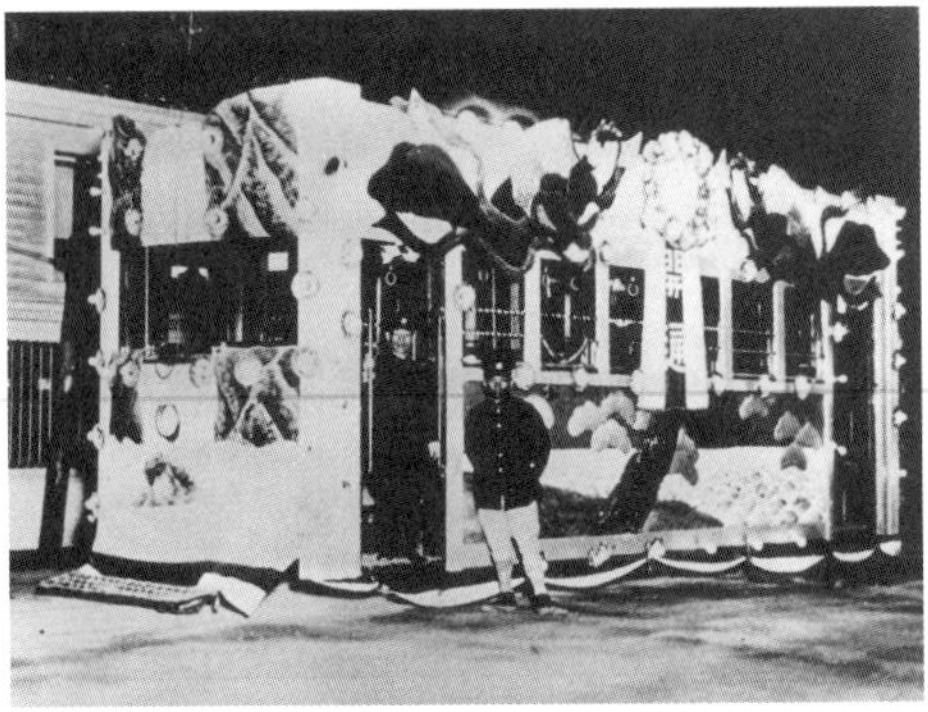

図1　開通の3日間のみ運行した装飾された花電車

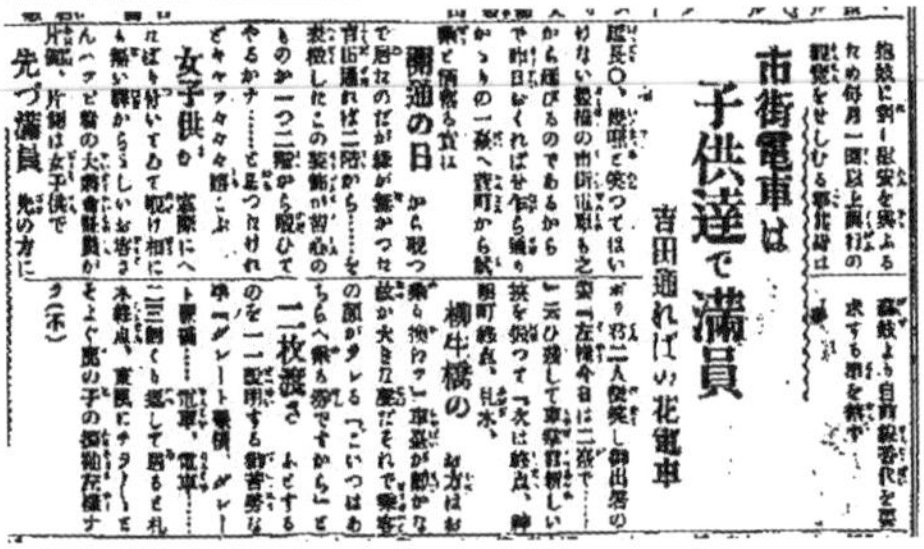

図2　開通の日の様子を伝える新聞「参陽新報」1925年7月17日

市電は、1925年（大正14）豊橋電気軌道株式会社（いまの豊橋鉄道の前身）が豊橋駅前から東田線と柳生橋線の営業運転をしたのがはじまりである。当初は「市街電車」と呼ばれたようで、7月13日〜15日におこなわれる吉田神社祇園祭の前に合わせて開通させる予定であった。しかし、路線の検査が間に合わず、祇園祭2日目の14日に開通することとなった。開通当日は、豊橋駅から豊明館（映画館）前〜札木角までと柳生橋までの部分運行で、三日間は花電車が運行した（図1、2）。運賃は、1区間3銭、3区間以上の場合は1区2銭で計算された。

また、開通初日の乗車人数は、2114人であり、吉田神社の祇園祭と重なったため終日満員となった。当時の新聞の記事をみると、子どもたちが市電の運行を喜んでいたようすがわかる。

東田線は、開通時には赤門以東の運行が未定であったが、同年の12月25日に赤門〜東田間で運行がはじまり、4・2kmの全線が開通した。

図3　駅前広場にあった市電乗り場

＊本項の写真はすべて豊橋市図書館提供

図4　停車場通りと新停車場通りの交差点にあった大野銀行

図5　神明の切替場所。手前2両は柳生橋線
左端は東田線

図6　正面は小公園。右折して東田方面へ向かった。奥には歩兵第十八聯隊が駐屯していた

図7　豊橋電気軌道鉄道本社と市電車庫。右奥に市電が格納されている

市電の経路

市電の乗り場（図3）は、鉄道省の豊橋駅正面の駅前広場にあった。周辺より少し高くなったホームがあるのみで、雨除けの施設などはなかった。ここをスタートし、停車場通り（常盤通り）を通過すると、新しくできた新停車場通り（広小路通り）との交差点がある。ここには洋風建築の大野銀行があり、目印となっていた（図4）。ここを新停車場通りに曲がり、真っすぐ進んでいくと、大手通りと突き当たる所（神明）で二つに分かれる（図5）。そこを右（南）に行くと柳生橋線となって終点の柳生橋まで続く。柳生橋では渥美電鉄（現豊橋鉄道渥美線）の柳生橋駅に接続しており、第十五師団や田原方面へ行くのに使われた。

反対方向の左（北）へ曲がると東田線であり、旧吉田城下の大手通りを北上すると小公園に突き当たる（図6）。この小公園にはのちに公会堂が建った。また左には市役所や渥美郡役所が並んでいた。そこを右折するとすぐに営門前の停留所がある。ここから北には旧吉田城があり、そこに歩兵第十八聯隊が駐屯していた。このため、市電の利用者には軍関係者も多くみられた。

さらに進むと練兵場前となり、

五年十月一日訂補　豊橋電氣軌道線（非）

區間停留所名	東田線　驛前、神明、練兵場前、前畑、東田（全區間3.1粁） 柳生橋線　神明、柳生橋（全區間1.0粁）
運　　賃	區間制　全線五區、1區3錢、2區6錢、3區8錢、4區10錢
運轉時間	6.00 ヨリ 12.00 マデ 10 分毎ニ運轉

図8　1930年10月1日改定の市電時刻表（鉄道省編『汽車時間表』1930年より引用）

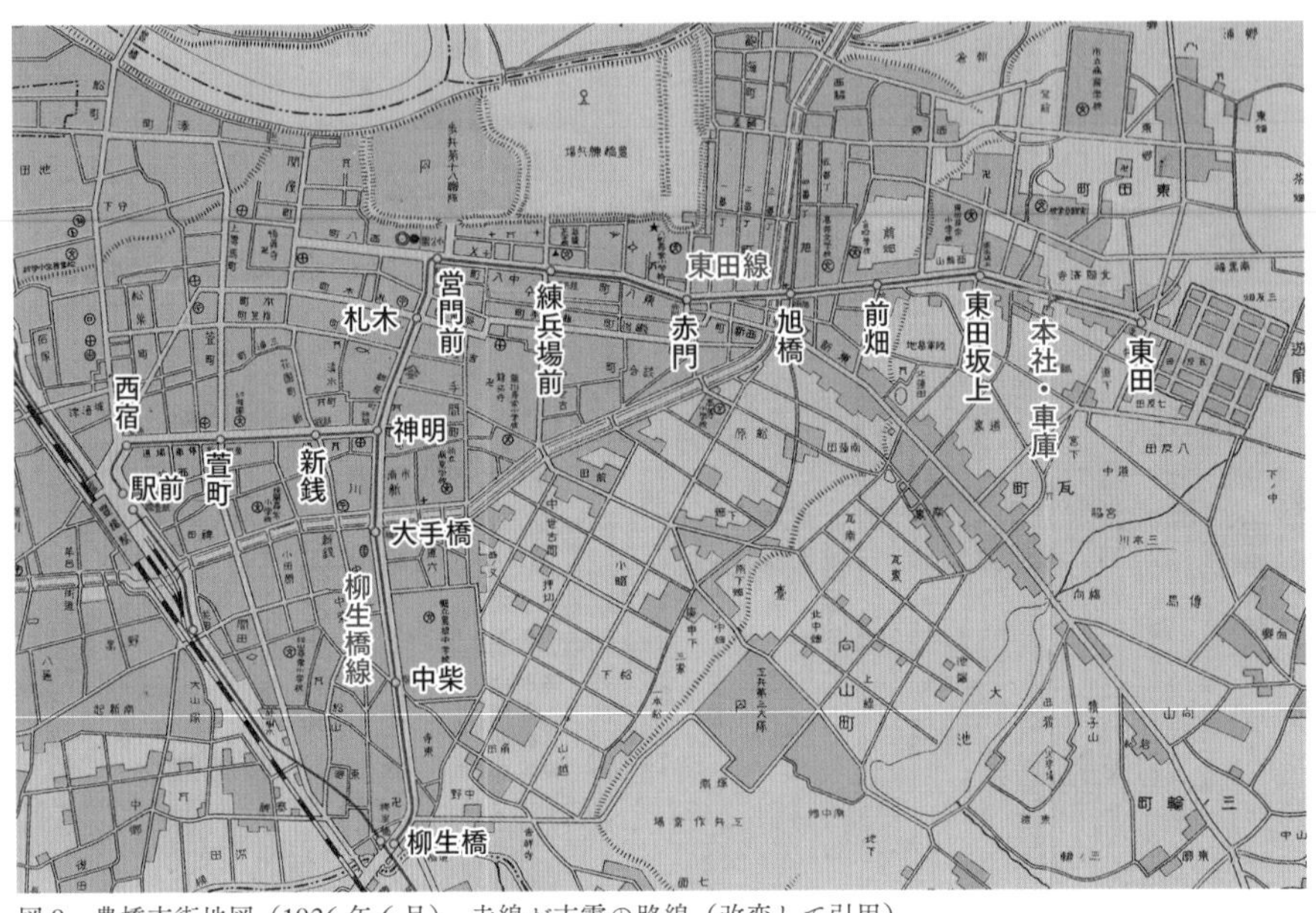

図9　豊橋市街地図（1926年6月）赤線が市電の路線（改変して引用）

いまの野球場あたりに軍の訓練場が広がっていた。この次は赤門前であり、赤色に塗られた八幡社の門が目印になっていた。そして、そのまま進むと前畑である。ここには高等女学校があり、多くの女学生が乗降していた停留所である。真っすぐ進んで東田坂上を通り、終点の東田に到着する。この途中には、東田の車庫があり、そこに車両を格納した（図7）。のちに、路線には開通後にいくつかの停留所が新しく追加された。また、終点の東田停留所の先には、約300m四方に区画された東田遊郭があった。この遊郭は市街地の札木、上伝馬から移設されたものであるが、大正の初め頃には58軒の貸席茶屋があり、308人の娼妓が在籍する大きな花街を形成していた。

市電は開通の頃から、朝の6時から深夜12時まで、10分間隔で動いていた（図8）。朝が早くて夜が遅い、この運行時間は、遊郭で寝泊まりする利用者の利便性を考慮した時間である可能性が考えられる。

戦前の市電

市電の沿線には軍隊や学校があり、軍人や学生、来豊者の足となって便利な存在であった。それとともに、市電の誕生は豊橋の街

図10　道路中央を市電が走る広小路五丁目。左には丸物百貨店がみえる

に大きな変化をもたらした。それは街の中心が江戸時代から続いた札木通りから、市電が中央を走る広小路通りに変わったことである。特に1932年（昭和7）に京都から進出した丸物百貨店の存在は、人の流れを変えるのに充分であった（図10）。旅館や映画館、商店があつまる広小路五丁目（現三丁目）あたりは、豊橋一の繁華街となったのである。

図11　陸海軍と側面に描かれた市電車両

戦争と市電

昭和になって戦時色が強くなると、市電も啓発に活用されるようになった。たとえば車両側面に「陸海軍」や「萬歳」などと書かれた車両が線路を走った（図11）。

太平洋戦争に突入しても、市電は市民の足として走った。1944年（昭和19）12月の時刻表をみると、朝5時30分から深夜12時まで、本数が削減されることはなく、開業当時と同じ10分間隔で運行されていたのである。

1945年6月19日深夜から20日未明にあった豊橋空襲では、市電は電柱や架線に被害を受け、全線不通となった（図12）。しかし、順次復旧し、7月には旭橋～東田間で運転を再開した。全線が復旧したのは、空襲から3カ月たった9月であった。

図12　空襲当日の東田町付近のようす。焼けた街の道路に市電が止まっている

矢作川の越戸発電所と印半纏

【豊田市】

文／逵 志保

図1　矢作川の越戸発電所建設工事の記念写真（1928年頃）柴田和己氏提供

日本で電気の利用が始まるのは1883年（明治16）、当初電灯事業を支えたのは火力発電だったが、電力の需要が増していくと水力発電が始まった。1891年に日本で初めて琵琶湖疏水を利用した京都蹴上発電所が運転を開始すると、次々と水力発電所がつくられた。愛知県の矢作川水系では1897年（明治30）に初の水力発電所がつくられ、1927年（昭和2）には矢作川水系26番目の水力発電所として、西加茂郡猿投町の観光地・勘八峡（かんぱちきょう）で越戸（こしど）発電所の建設が始まった（図1）。

「社会的信用」も保証した印半纏

越戸発電所の建設に携わった柴田松太郎の家で、仕事着だった印半纏の反物がいくつもみつかった。松太郎は1879年（明治12）岡山県児島郡に生まれ、上京して東京専門学校（現早稲田大学）に進み、卒業後は帰郷し村役場に勤め助役になった。しかし結婚後、建設工事を請け負う間組（現安藤ハザマ）に移った。建設現場はたいてい不便な場所で、家族を故郷に残して行かざるを得なかった。1927年、次の現場となる愛知県西加茂郡猿投町の勘八峡にやってきた松太郎は、これまでの現場と異なり、平戸橋駅から歩いて通う観光地であることが気に入った。この地で家を購入し、家族と暮らしながら現場に通うことを決めたのである。

松太郎が着ていた間組の印半纏の反物は、毎年6月と12月の2回支給された。間組の印半纏を着ることができるのは、工事に従事する名儀人、代理人、そしてその部下で間組の工事に3年以上従事した実績のある世話役のうち、支店長の許可を受けた者に限られ、受給資格者以外の着用は厳しく禁じられた。間組の従業員数は当時200人ほど、社会的信用が高く、印半纏を着ていれば飲み屋のツケもきき、質屋の評価も抜群だったという。松太郎は間組の印半纏を誇りをもって着たことだろう。そ

図2　みつかった間組（左）と柴田組の印半纏の反物　柴田和己氏提供

れでも建設工事には多くの人手が必要だ。松太郎は自分の名前を冠した柴田組を創設した。そして柴田組として松太郎の下で働く者たちに、柴田組の印半纏を支給した。

文様から見えてくる現場の人間関係

　間組と柴田組の印半纏を並べてみると、文様がよく似ている（図2）。間組の印半纏は間組長・間猛馬が1889年に創設したとき、当時橋梁工事界の権威だった小川勝五郎の援助があったため、小川組の印半纏を襲用するかたちで間組の印を決めたという。背中の分銅紋は「小」を表し、背から脇にかけての三つ引紋は3本線で「川」を表し、小川をシンボライズしている。柴田組の印半纏の背中は、松太郎の「松」の字をおいている。間組の背にあった分銅紋は前襟に移し、紋の中央に松太郎が世話になった先輩の名「木林」が記されている。背から脇にかけては間組と同じ三つ引紋だ。工事施工の間組、配下の柴田組、印半纏の文様からは建設現場の人間関係と歴史が見えてくる。

　柴田組の印半纏の反物には包み紙も残されている。包み紙に記された印から、名古屋市中川区中島新町の鬼頭染物店でつくられたものだと判明した（図3）。印半纏、前掛、風呂敷、手拭等の調染の鬼頭染物店と柴田組の出会いの詳細はわからない。鬼頭染物店は1959年の伊勢湾台風で浸水の被害にあい、仕事に欠かせない「藍」が流れてしまったため、事業の継続ができなくなり廃業したとのことで、名古屋市博物館にいくつかの寄贈資料が残るのみである。

　昭和初期、松太郎のところに挨拶に来る柴田組の職人たちに、松太郎の娘は帰るまでに反物を縫い上げ、帰りに印半纏を羽織らせて帰したという。現在では工事の竣工式などの式典に着用する印半纏だが、かつては現場の人間関係を示す仕事着として、暮らしのなかに生きていたのである。

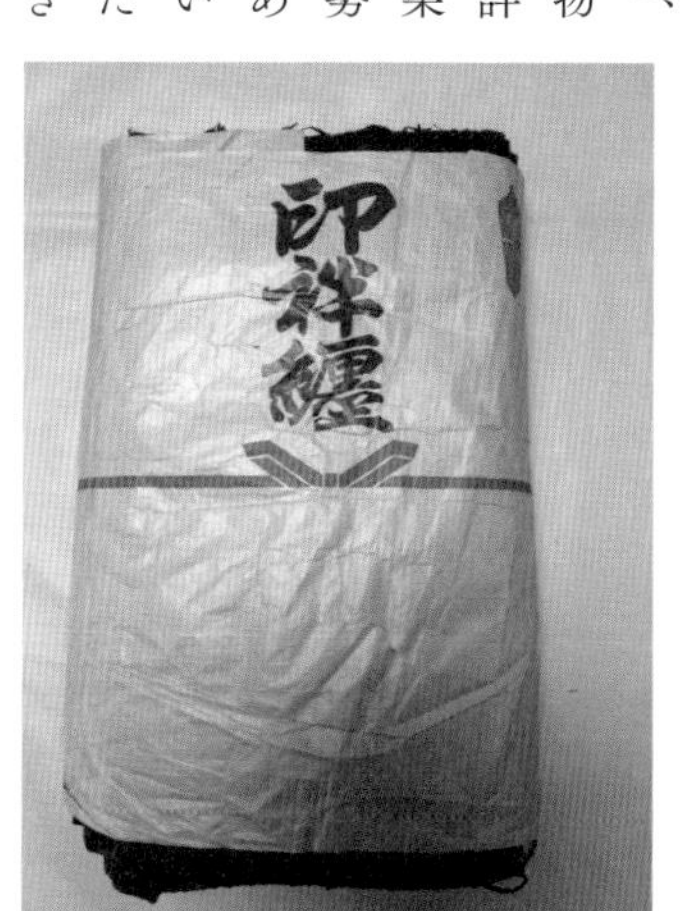

図3　鬼頭染物店印の入った包紙にくるまれた印半纏の反物。柴田和己氏提供

戦前の岡崎

新美南吉が訪れた昭和14年

文／嶋村 博

【岡崎市】

康生通り風景の絵葉書　藤井建氏蔵

　童話『ごん狐』の作者・新美南吉は教員時代に岡崎を訪れている。それは昭和14年（1939）1月28日土曜日のことで、「ノートI」にその日のことが綴られている（『新美南吉全集』第十一巻、大日本図書）。

　南吉は、岡崎師範学校での国語の研究会に先輩教師と共に参加した。岡崎師範学校は六供町の、現在の附属岡崎小学校及び特別支援学校の敷地にあった。午後からは岡崎市立高等女学校で民俗学者・折口信夫の講演を聞いた。女学校も六供町にあり、現在は岡崎市民会館が建っている。講演を聞いた二人はぶらぶらと散歩しながら、市内電車の「かうせい町」の停留所へ向かった。南吉がノートに「かうせい町」と記したのは、康生町（現・康生通）のことである。ここはかつて武家屋敷が建ち並ぶ岡崎城郭の内であった。1873年（明治6）の廃城後、官公庁関係の建物が建ち、藩士達が立ち退くと商店街が形成されるようになった街である。

南吉が書き残した中心街の風景

　さて南吉の散歩はわずかばかりのものである。六供町の女学校から南へ下りた所の骨董屋に寄り、浮世絵や陶器を見た。さらに南へ、篭田町の岡崎電燈会社の前を西に折れ連尺町へ入る。本町の古本屋に寄り、康生の交差点へ出た。岡崎電燈会社は明治末に民間によって設立され、昭和の初めには三河全域に電力を供給していた。連尺町の通りは旧東海道筋で、江戸

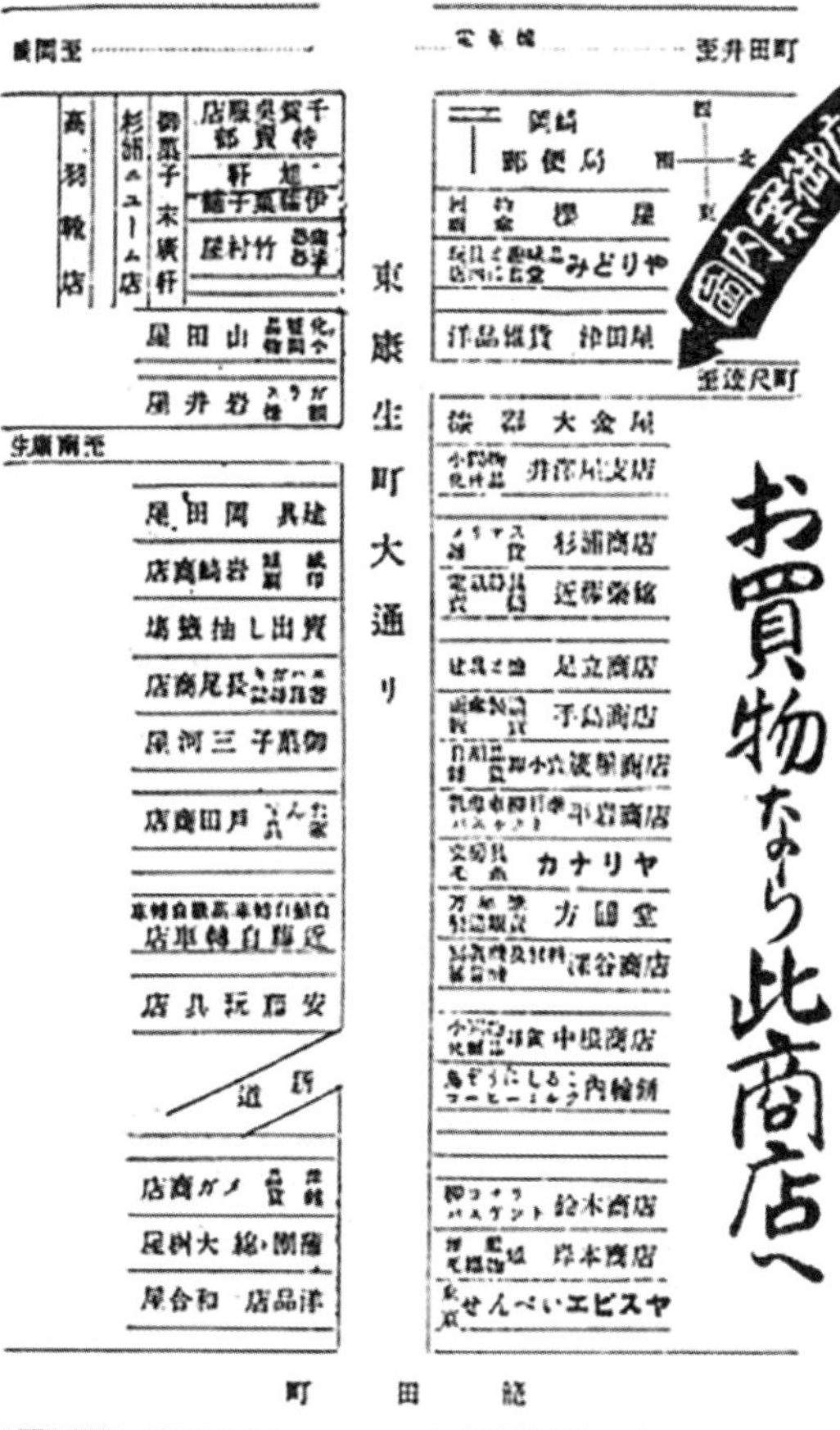

大正期の東康生町商店街地図

時代より最も栄えた商店街である。戦前には呉服店が多く、伝統的な格子をはめた大店（おおだな）とモダンな店構えの店舗とが共存していた。本町は市内電車の走る南北道路に面しており、南吉は「電車通り」と書いている。岡崎貯蓄銀行を中心に、雑貨、小間物、道具類などを商う店に加え、飲食店も集まった庶民的な商店街だった。

康生町に着いた南吉は、先ず角のお菓子屋で羊羹を買い、生徒の作文によく出て来る「みどりや」に寄り、その近くで夕飯を食べ、「資生堂」という喫茶店を捜し、古本屋で詩集を買った。羊羹を買った角のお菓子屋とは「旭軒」のことであろう。また生徒の作文によく出て来る「みどりや」とは、岡崎近辺の女学生なら誰もが知る人気店で、玩具・ゲームの他、おしゃれな文房具や絵はがきなどの雑貨を扱っていた。この二軒とも空襲で燃えてしまったが戦後再建され現在も営業している。南吉が食事をした店や捜した喫茶店、詩集を買った古本屋が何処か判然としないが、こうして書き残してくれたおかげで戦前の岡崎の中心街の風景が少しは分かる。

華やかだった本町通ネオン街

話はそれるが、戦前の岡崎はこの康生町交差点を中心に東西南北に商店が並び、「商都」と呼ばれるほどの賑わいがあった。岡崎市制が施行された1916年（大正5）には、岡崎市は商業を職業とする戸数が2287戸（27・

玩具と趣味の店　みどりやの商標　松井洋一郎氏蔵

2%）であった（『新編岡崎市史近代4』）。また1934年（昭和9）の東康生商栄会の広告には協力店80軒が名を連ねている。岡崎の中心街には、ほかにも西康生、連尺、本町、能見、松本、籠田、伝馬、中町にそれぞれ商店街が形成されており、中心街だけでも大変な数の店舗があったことになる。それを象徴するのが1933年（昭和8）10月に岡崎市と商工会議所との共催でおこなわれた「第1回岡崎商工祭」である。仮装行列、広告自動車の大行進、芸妓連の踊りが繰り広げられた。同時に店舗装飾の競技会をおこなったことで、単なるお祭り騒ぎに終わらず、今後の商店街の店舗デザインや販売方法を考えて行く大きな契機となった。その後、商店街の道路は舗装され、街路灯も整備された。多くの店舗はショーウィンドーに商品を飾り、夕方ともなればネオンサインで客を誘った。とくに本町のネオンは見事だったらしく、「日本一　本町通ネオン街」を自称した。

　街にはさまざまな娯楽施設も

日本一本町通ネオン街完成紀年大売出しチラシ　松井洋一郎氏蔵

東康生町の年の市チラシ　松井洋一郎氏蔵

あった。劇場や映画館として、中心街だけでも常盤館、寶来座、金升座、三銘座、岡崎劇場、龍城座などがあった。従来の歌舞伎、浄瑠璃に加え、新劇、喜劇、映画や音楽会で人々を楽しませてくれた。また時季になると、松坂屋や十一屋など名古屋の百貨店の販売会場ともなった。『三河能華（みかわのはな）』という遊廓案内書の広告によれば、大正の終わり頃には、市内に喫茶店やカフェーが7軒、洋食店も15軒あった。1923年（大正12）に街の東はずれである中町の一角に芸妓や娼妓、置屋が集められ「東（あずま）遊廓」となった。それでもなお、伝馬、松本、板屋には置屋などが残り、その周辺には料理屋、貸座敷も集まっていた。

新旧が溶け合った街

さて、南吉はこうしてしばらく康生町を散歩し、市内電車で東海道線岡崎駅まで戻り、半田の自宅へ帰った。そして岡崎の印象をこう書いている。

「落着きのある華かさで私を充分ひきつけた。新しいものと古いものが入りまじつてゐながら少しもちぐはぐな感じを與へなかつた。しつとりとよく溶けあつてゐた。東京にも名古屋にも見なれないいい雰囲気が傳統の匂ひをただよはせてゐた」と。

南吉が散歩した1939年（昭和14）頃が、岡崎の最も良かった時代かもしれない。明治、大正、昭和と町づくりを重ね、その「完成」の時期だったかと思える。

南吉は翌日にも、「昨夜の岡崎が美しく頭にうかんで來る。何だか遠い町のやうな氣がする。遠い昔のやうな氣がする。岡崎の附近に下宿し、自轉車で通ふといふ方法もあるなと思つた」と綴っている。

それから6年後の1945年（昭和20）7月19、20日、南吉が「いい雰囲気」だと気に入った岡崎の街は空襲に遭い、中心部のすべてが焼失した。南吉が散歩した篭田、連尺、本町、康生のすべては灰塵と化した。しかし注意深く岡崎の街を散歩すると、今日でも南吉が書き留めた「いい雰囲気」に出会うことがある。

桃花祭と繊維産業【一宮市】

文／森 靖雄

＊本項の写真はすべて一宮市立中央図書館蔵

1917年、市日の本町通り

1935年、市日の真清田神社境内

1946年、真清田神社境内の闇市

三八市の盛衰

一宮市の名称は、周知のように真清田神社が「尾張の国の一の宮」であったことに由来する。全国に60余りある「一の宮」の中で、100年前に最初に「市制」を施行した町である。その発展の源泉は「三八市」にあった。全国各地にあった六斎市の一つであるが、濃尾平野では近世中期以来綿作が盛んになり、一宮商人が近在農村を回っては綿花や綿糸を買い集め、一宮の三八市で取引した。周辺地域の市で売買された綿花なども一宮の市に持ち寄られ、一宮の三八市は尾張西・北部一帯の取引市場として発展した。

市店で取り扱われる商品は明治期に入ると次第に変化し、繊維製品に関して言えば市日だけでは間に合わず、まとまった糸や反物は毎日営業する固定店舗で取引され、市では自家用に使われる残糸や端布が売買されるようになった。しかし、こうした

公園通り4丁目の日本武尊飾り

品物は狭い範囲では市で取引できるほど集まらないので、近在各地から買いに来る人も多かった。

　こうして、盛衰を繰返す六斎市の中でも一宮の三八市はほぼ一貫して発展し続けた。第二次大戦末期には売る物がなくなって短期間衰微したが、生活用品の多くが焼失した戦災後にはいち早く復活して、当時自由販売できなかった統制品まで扱う代わりに、値段は法外に高い（闇値と呼ばれた）「闇市」の形で復活した。

桃花祭の賑い

　大正末期から戦災までの一宮市最大の祭礼は、4月2日試楽祭、3日本祭の2日間にわたって神輿渡御と協賛馬行列がおこなわれる「桃花祭」であった。祭りの行列は真清田神社と約1㎞南の「御旅所」の間を数千人ほどの大行列が歩行する。中でも各町内が競って用意した馬道具と呼ぶ豪華な飾りを乗せた馬を、前綱・後綱に分かれた数十人が「わっしょい、わっしょい」の掛け声とともに、左右に蛇行しながら曳行する行事であった。昭和に入る頃からこうした飾り馬が氏子町内だけではなく、企業などからも協賛参加されるようになり、次第に頭数が増えた。繊維産業の発展と共に馬道具にもお金を掛けるようになり、次第に神話や歴史上の有名人に由来する人形型の馬上飾りが増えていった。戦時中には国威発揚と結びついてこの祭りはいっそう発展し、200頭を超える大行列が2時間余にわたって御旅所から真清田神社へ移動する、約4時間がか

花岡町の桃太郎（戦中は踏みつけた鬼に「米英」と貼り付け「鬼畜米英」）

昭和10年代、大江川沿いの染色作業場

1936年、小信中島・三条辺から八幡踏切を経て国鉄尾張一宮駅から出荷される毛置物

りの壮大な祭りになった。その通路となる本町通りの歩道は、端から端まで身動きもできないほどの賑わいであった。

1945年（昭和20）7月の一宮大空襲で、それらの馬道具の大半が焼失し、神話由来の飾りもしらけた雰囲気になり、焼失をまぬがれた神輿に素朴な御幣などを飾った数頭が随行する寂しい祭りに変化した。

毛織物産地の確立

日本の綿業は、国産綿よりも毛足が長い中国綿や印度綿の輸入が増えるにつれて、1920年代に衰退期を迎えた。一宮の綿織物業者の一部は、「新しい織物」として明治の早い時期から横浜へ輸入された軍用毛布で羊毛織物を研究し始め、1891年（明治24）10月28日の濃尾大震災で産業設備も含めて壊滅的な打撃を受けたのを機に、次々と毛織物生産へ転換した。毛織物は綿織物に比べて糸にするまでの工程が複雑なほか、織りあげた後の加工も複雑で簡単に移行できる分野ではなかった。そのため、全国で毛織物への転換に成功したのは梳毛織物（服地）では主として一宮市とその周辺、紡毛織物（毛布）では大阪の泉佐野市ぐらいであった。こうして一宮とその周辺地域は全国唯一の毛織服地産地として発展した。関連産業として染色業も盛んであった。

産地内では。一宮の中心部はおもに取引の場であり、関係商店は遠隔地との交通に至便な国鉄一宮駅東側一帯に集中し始めた。工場は一宮市内よりも周辺地域で発展し、できた製品は一宮や名古屋の問屋により、東海道線などを通じて全国に配送された。

脇田染色工場（染色した糸干し場）（1933年）

下萱津のフジと川辺の風景

【あま市】

文／近藤 博

＊本項の写真のなかで所蔵先明記のないものはあま市美和歴史民俗資料館蔵

図1　県天然記念物 下萱津の藤（昭和50年代）

図2　県天然記念物 フジ（2017年）

1954年に県の天然記念物に

地元では「萱津の大藤」と呼ばれ、今なお地域で親しまれているフジがある。そのフジの樹は、県道あま愛西線、萱津橋西交差点を200mほど南下した新川右岸堤防上に自生している。長く個人に管理されていたが、2010年に個人の転居に伴い、現在はあま市教育委員会により管理されている。

萱津の大藤を、先祖代々にわたり維持管理されてきた当主の話では、ご先祖がかつて庄内川の川端の大木に巻き付いていたものを1837年（天保8）、現在地に移植したのだと代々言い伝わってきたという。当初は9本のフジがここに植えられ、それが約600㎡に枝葉を広げ、いっせいにフジの花を咲かせ、花見の頃には大変多くの見学者で賑わったという。9本のフジのうち、もっとも古いものが樹齢約350～400年とされ、幹回りが4mに達する巨樹であり（図1）、この樹が1954年（昭和29）愛知県の天然記念物に指定された。

古い歴史を持つフジではあるが、残念ながら江戸時代に編さんされた『尾張志』、『尾張名所図会』といった地域史料に記載されておらず、恐らくこのフジが世間で注目を集めるようになるのは早くとも明治以降のことではないかと思われる。

大正・昭和の観光名所に

1914年（大正3）、名鉄津島線の開通と同時期くらいに、このフジの開花にあわせ新川橋駅から同川を下る船が運航されていたようで、この当時から観光名所のひとつにはなっていたようだ。それを物語る絵ハガキ（図3）がある。大正から昭和初期に撮影されたと思われるこの写真には、川辺に設置された桟敷席で、咲きは

図3　下萱津の藤（名電津島線新川橋より川下り八丁）　津島市立図書館蔵

じめた花を愛でる一組の家族と木橋を渡る二人の男性の姿が写し出されている。この木橋は、下萱津の人々が対岸にある畑に通ったり、周辺の地域民が利用する生活道のため、人の往来も激しく、自然、このフジの評判は人伝に広く知れ

図4　賑わう様子（昭和初期）

渡ることで観光名所になったのではないか。

平成にいたるまで、フジを所有する個人により維持管理、整備はすすめられ、萱津の大藤の評判はさらに高まり、毎年、開花と同時に大勢の見学者で溢れかえり、さらにまちを代表する文化財であり地区のシンボルでもあった（図4）。またいつの頃からか、萱津の大藤といえば味噌田楽が定番となったようで、それは市教委に管理が移行された今でも「田楽はないの？」と、来場者から尋ねられることもしばしばある。多くの来場者が、昔を懐かしむことができる萱津のフジの公開は、毎年開花の状況を見て公開日を決めるため、見学を希望する場合は4月以降に、あま市美和歴史民俗資料館に問い合わせる必要がある。

＊電話052（442）8522
水曜・木曜は休館日

渋沢栄一が歩いた蟹江町【蟹江町】

文／加藤晴美

図1 「東京と名古屋」創刊号表紙

渋沢栄一、蟹江町を訪れる

蟹江町は、愛知県西部の濃尾平野に位置し、人口3万人をこえる規模のまちである。まちのなかにはJRと近鉄の駅があり、いずれも名古屋から10分もあれば着く場所にある。駅から徒歩圏内には、スーパー・ヨシヅヤがあり、コンビニがあり、病院がたくさんある。暮らすには便利な平凡なベッドタウンであると同時に、「尾張温泉」が地元の人びとに愛される地域でもある。

かつてこの蟹江町に、新一万円札の顔である渋沢栄一が訪れたことがある。雑誌「東京と名古屋」（図1）のなかで、渋沢が蟹江町（旧須成村）を1915年（大正4）4月3日に訪れたことが事細かに記されている。この「東京と名古屋」は、1913年に創刊された今でいうところのビジネス誌である。本誌は東京で発刊された。定期購読制の月刊誌である。主に東京に住む愛知出身の事業をおこなう者を対象に、読者と想定すると創刊号に記述がある。

図2 神田氏家系碑
蟹江町歴史民俗資料館提供

本誌はビジネス誌の性格上、渋沢はもちろん多数の実業家が特集されている。

では何故、渋沢は蟹江まで来たのだろう。「東京と名古屋」1915年6月号の渋沢来訪記事にその答えがある。

> 財界の成功者・紅葉屋商會主、紅葉屋銀行頭取神田鐳藏氏は今回郷里・愛知県海部郡蟹江町字須成なる善敬寺隣域に地をトし祖先の「家系碑」を建設（中略）予定の時間前には澁澤男、松井知事、坂本市長、丸茂警察部長、伊藤守松氏、井上市会議長其他名古屋市の実業家及び海部郡長郡内学校長有力者並に新聞

東京と名古屋寫眞帖
神田家系碑ノ來賓
右より 神田鐳藏、澁澤男、松井知事、坂本市長、清水氏

図3　蟹江町イベントの様子。右から、神田鐳藏、澁澤男、松井知事、坂本市長、清水氏
「東京と名古屋」1915年6月号口絵

通信記者等約百数十名の雨を侵して名古屋駅に参集し、午前九時十八分同駅迄出迎の店員に導かれて一行は買切一等列車に分乗し関西線を蟹江駅に向ふ。

蟹江町出身の銀行家・神田鐳藏が家系碑を建て、記念イベントをおこなったのである（図2）。そして神田は、渋沢栄一のみならず、名古屋の有力者や新聞記者も含めて、100名以上招待していた。実は神田と渋沢は実業上の親交をもっており、家系碑に渋沢が揮毫している。こうした経緯のもと、渋沢は蟹江町までやってきたのである（図3）。

さらに記事によれば、「村民は式場の他状況を見物せんとして何れも善敬寺さして押寄せ来り、須成村空前の盛況を呈したりき」とあり、神田は、郷里の者や東京からやってきた大実業家渋沢栄一や地元名古屋の有力者に対して、大規模な宴を開く力をもっていることを示した。

神田鐳藏と「東京と名古屋」

神田鐳藏については『紅葉屋十年誌』（1911年初版、2021年復刻）と「広報かにえ」（601号、2021年9月）にまとめられている。神田の生家は元々は酒造業を営んでおり、神田も家業を継ぐつもりであった。

しかし1893年（明治26）に名古屋株式取引所が開設されると、親の反対を押し切って株式売買を主とした金融業に着手した。その後、1896年に、不況のため失業したが、1899年東京日本橋に移り、1900年に有価証券会社の「紅葉屋」を構えた。そして1910年には、合資会社・紅葉

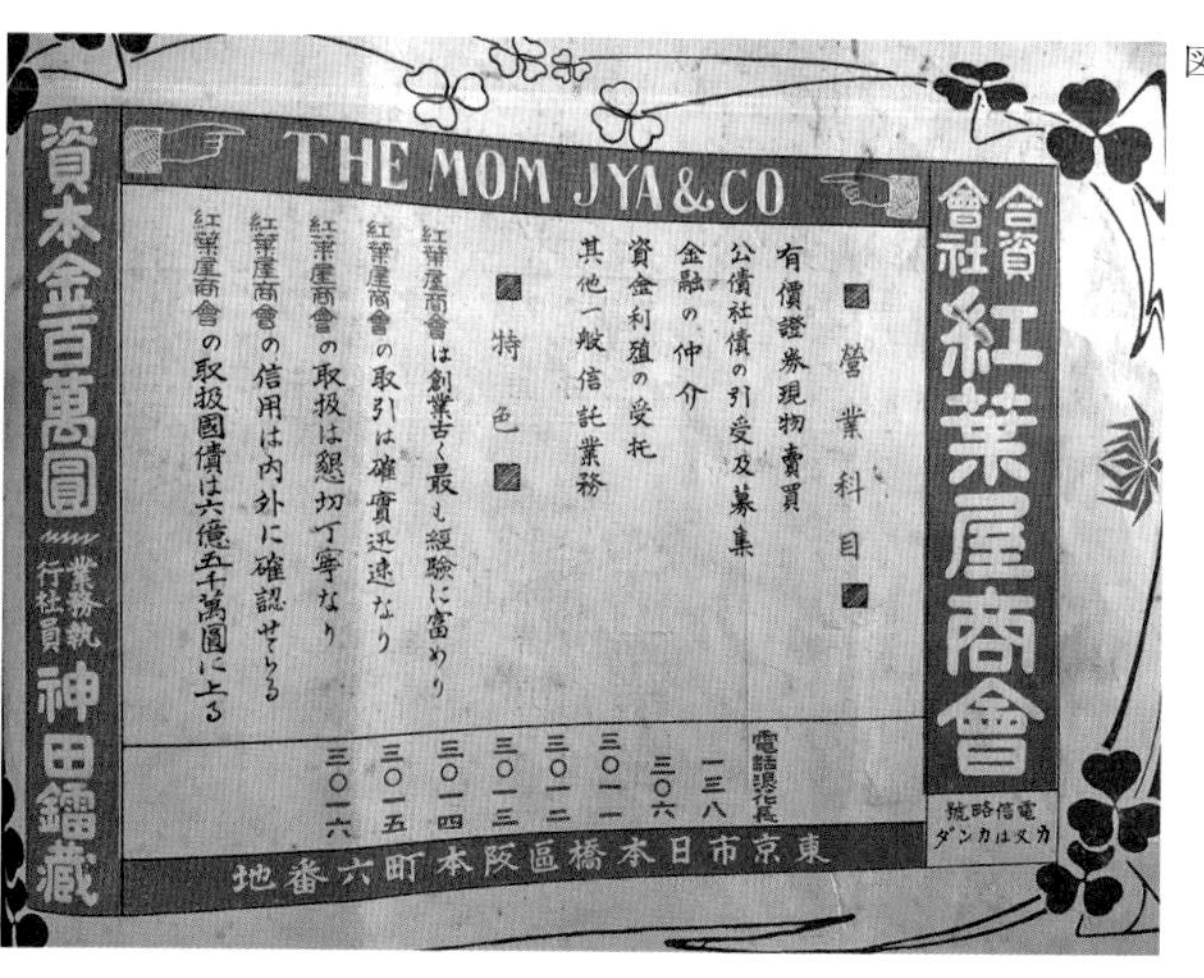

図4　紅葉屋広告（創刊号巻末）

屋商会を立ちあげ、翌年には合名会社紅葉屋銀行も設立した。

神田は、「東京と名古屋」創刊号で、「中央舞台に於ける名古屋人」で真っ先に特集されている。「商会・銀行の両刀使い」と称される。さらに、「裸一貫、名古屋を出て、東京に入り、神出鬼没の奇術妙腕を揮ふて僅僅十優我国財界の一革命児とも賞賛すべき」と、神田の成功譚も紹介されている（「東京と名古屋」創刊号、1913年）。

このように神田は「東京と名古屋」創刊号で特集され、家系碑建立式の様子が詳細に伝えられた。また本誌広告を毎号打っていたことから、「東京と名古屋」のメインスポンサーであったのだろう（図4）。

近代愛知・実業家の自己形成

神田鐳蔵は蟹江出身で東京で成功した実業家として雑誌を通じて自己呈示し、家系碑を郷里蟹江につくることで自身の威信を示そうとした。こうした実業家による自己呈示と文化的な事業は、神田のみならずその他の愛知の実業家にも共通していた。

神田のイベントに参加し、「東京と名古屋」同号で「部屋住みの若様」として特集記事で取り上げられた人物に「伊藤守松」がいる。伊藤守松は伊藤次郎左衛門祐民（すけたみ）の幼名であり、「東京と名古屋」発刊時には、すでにいとうデパートを名古屋市・栄市区につくり、名古屋の街を発展させようとしていた。伊藤も神田同様に、イエの制約から逃れ、個人としての力をふるおうとする。神田も、伊藤も、封建的な愛知の商人社会で、新世代の旗手となろうと奮闘していたといえよう。伊藤はデパートを経営し、劇場を創建した。他方神田は、金融業を起こし、雑誌を創刊した。このことで、近世までの商人の系譜から、近代実業家の系譜へと自身を繋げようとしたのである。

近代愛知の実業家たちは、中央・東京のまなざしを受けながら、自らのルーツと文化的な立ち位置を模索した。周辺都市の実業家として大正期を生き抜くことは、彼らに複層的なアイデンティティをもたらしたのであろう。

＊神田雷蔵については、蟹江町歴史資料民俗館で聞き取りをおこない、資料提供いただいた。

天王川公園計画の挫折と発展

【津島市】

文／園田俊介

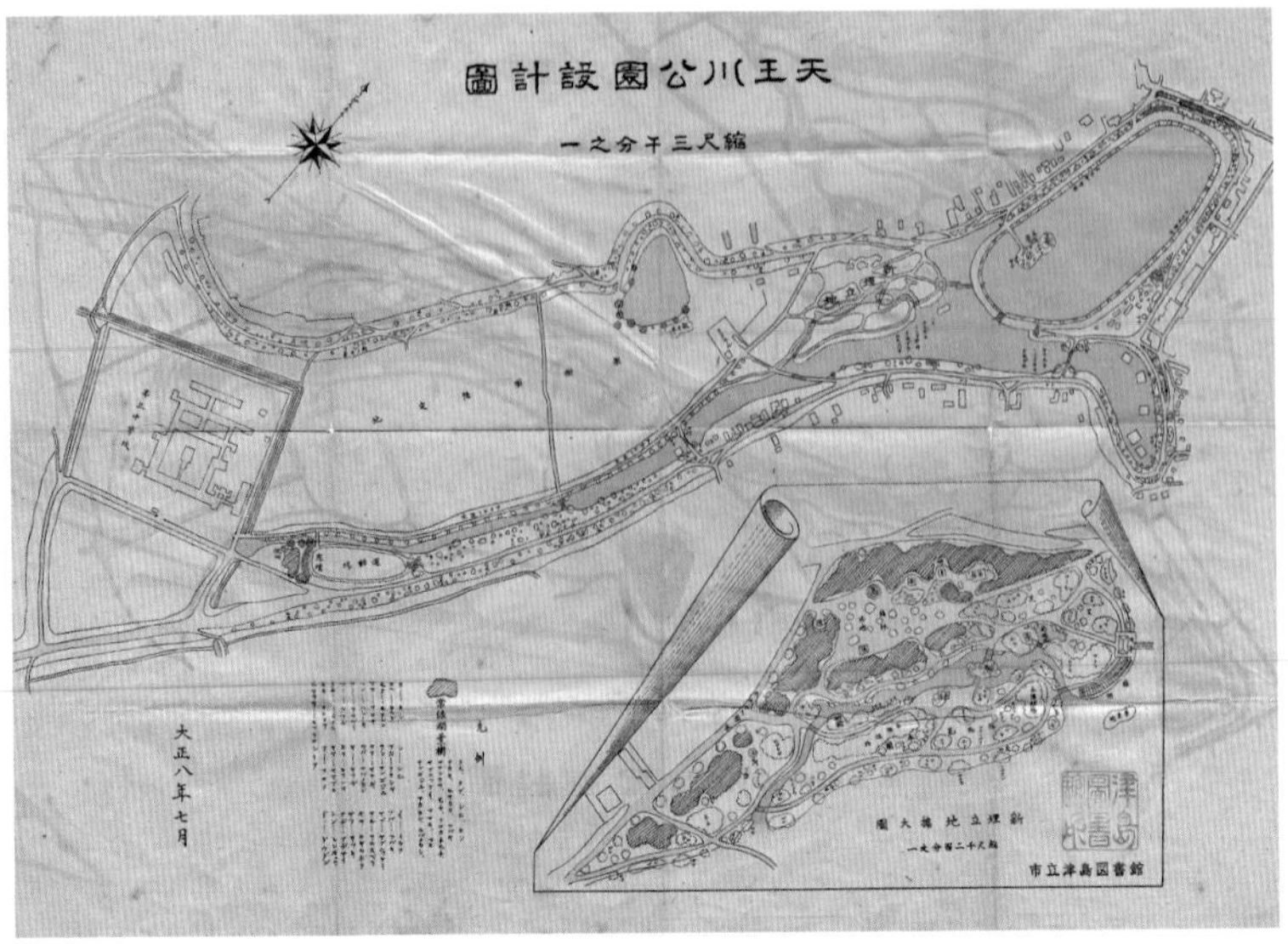

図1　天王川公園設計図（1919年）

図2　天王川公園絵葉書（手彩色）（1921年頃）

町の命運をかけた公園整備

「尾張津島天王祭」、「尾張津島藤まつり」をはじめ、四季を彩る花々が遠近の人々を惹きつけている天王川公園。大正時代に造成されたこの公園、実は当初の設計案の頓挫により、未完成のまま終わったことをご存じであろうか。

今から約100年前の1918年（大正7）、津島町は近隣の名古屋市や一宮市の発展に遅れまいと、町勢発展の命運をかけて天王川を公園として整備し、観光産業を主体とした町の活性化を目指した。

折しも愛知県内では「三英傑」（信長・秀吉・家康）に因んだ公園整備事業が進められており、町もこれに触発。天王川は三英傑全員が関係することから、町はこれを単独事業として計画し、町議会でも珍しく全会一致で可決された。

1919年（大正8）3月、津島町は「日本の公園の父」と呼ばれ、数々の都市公園を手掛けた本

＊本項の写真はすべて津島市図書館蔵

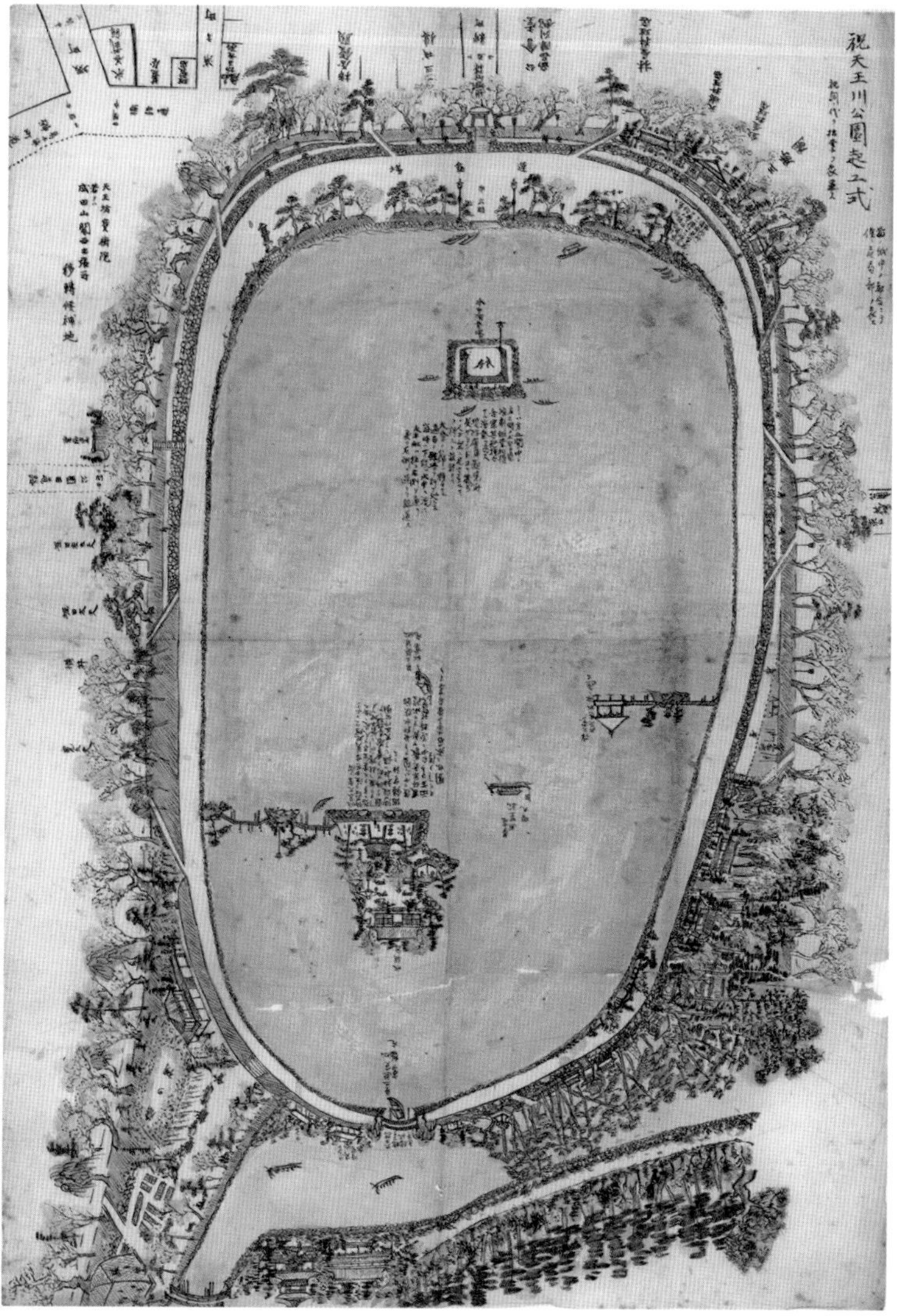

図3　天王川公園完成予想図（1920年）

多静六林学博士を招聘。本多博士は設計依頼を快諾し「日本初の水上公園として、また大規模な野外劇場も兼ねる、前例のない公園になるだろう」と意気込んだ。園内には日本庭園や動物園、ミルクホール、植栽の種類や位置などを綿密に計画（図1）。また、公園と市街地などを結ぶ中心街路開通の必要性、公園周辺の史蹟や名木の保全、津島町独自の特産品や料理の開発、各種案内チラシや絵葉書の制作（図2）など、公園を中心とした持続可能な都市発展を指向し、多角的に提言した。

スペイン風邪で大混乱

同年8月、本多博士の設計案に基づき、津島町は工期10カ年、歳入に匹敵する約13万円の予算を計上。当時の多田可継町長は、水上コロシアムや水族館の追加設置まで発表するほどであり（図3）、翌年6月着工の公園事業に期待が高まった。しかし、不運にも直後から全国規模の社会不安が相次いで津島町を襲ったのである。

1920年（大正9）1月、スペイン風邪が当地を席巻。行政は

図4　天王川公園の空撮（1926年）『歴史写真集津島』第4輯より

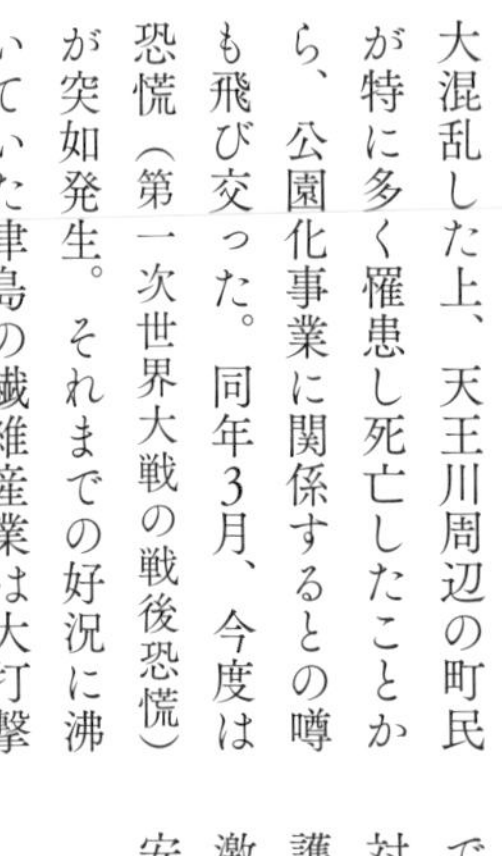

大混乱した上、天王川周辺の町民が特に多く罹患し死亡したことから、公園化事業に関係するとの噂も飛び交った。同年3月、今度は恐慌（第一次世界大戦の戦後恐慌）が突如発生。それまでの好況に沸いていた津島の繊維産業は大打撃を被り、町の財政状況も極度に悪化した。一方で、それまでのインフレと3月の恐慌により、市街地では家主と借家人の間で大規模な対立が発生。多田町長が家主を擁護したことから天王川公園事業も激しく糾弾され、行政、経済、治安までも不安定となった。

図5　ランドマークになった天王川公園の国旗掲揚塔（1934年）『歴史写真集津島』第4輯より

未完成だからこその魅力

こうした中、天王川の公園化事業はついに道半ばで頓挫。基本工事が終わった4年で打切られ、本多博士が設計した内容の多くは実現できなかった。

ただし、野外劇場や広場としての空間造りは一応の完成を見ており（図4）、以後、津島の重要な都市公園として機能する（図5）。

なお、事業打切り後も本多博士の設計案は意識され続け、動物園や庭園、大規模な藤棚の造成など、時を経て実現されたものも多い。今後も賑わいの創出として整備が進められ、有名なカフェも出店するという。

未完成だからこそ天王川公園は市民の夢と期待が託され、今なお発展を続ける原動力になっているのかもしれない。

生まれ変わる街並み【西尾市】

文／松井直樹

図1　花ノ木耕地整理内を流れるみどり川でのボート遊び

商業都市へと変貌

1917年（大正6）頃から始まった道路の直線化や拡幅によって、城下の町並みは新しい市街地へと生まれ変わった。さらに城下の東側で花ノ木耕地整理がおこなわれ（図1）、1928年（昭和3）には西尾駅が現在地へと移転し、名古屋―西尾間が電車で結ばれた。こうしてほぼ現在の街並みができあがった。

街路が整備される中、西尾の商業街は小さくても、新しいものを獲得しようとする息吹があふれていた。横町（幸町）・本町交差点付近には、西尾銀行（後の明治銀行）、名古屋銀行（後の東海銀行）、額田銀行が建ち並び、本町は歩道と街灯が設置され（図2）、木造の正面を衝立状のモルタルで装飾した洋風スタイル風の建物もつくられた（図3）。また、幸町から高砂町にかけてカフェー、ダンスホール、洋食店などが開業している（図4）。1日・15日の公休日には多くの若者が近在から西尾へと出掛け、嬉しそうに下駄の音を気にしながら歩く女性らの姿が見られた。西尾の町にも徐々に都会文化が入り始めた時代であった。

当時の西尾を、「小さいけれども全てを集め、すべてが動いている。しかし、立派な洋服を着て立派な靴を履いているが、どこか田舎くさい感じを与える」と、この地方の『三州新聞別冊』（1932年）は評している。

そんな時代の象徴として、鉄筋コンクリート建物があげられる。旧西尾鉄道駅舎（後に西尾警

図２　1933年に完成した本町の街並み

図３　中央通り西側の街並み

図４　高砂町のカフェー「銀嶺」

図5　幸町・本町交差点付近に立つ旧東海銀行西尾支店（左手）と街並み

察署・1924年完成）、井桁屋百貨店（1925年開業）、西尾小学校本館（1928年完成）、名古屋銀行西尾支店（1930年頃完成、図5）、西尾小学校講堂（1937年完成）が建てられるなど、多くの人々にとって目新しく、西尾の新しい門出にふさわしいものであった。

　その中でも、西尾の商業の近代化は呉服店から百貨店へと転向した井桁屋によって始まったといえる。商業都市として繁栄しようとする西尾を代表するモニュメントである建物は、鉄筋コンクリート造で、地上3階、一部地下1階、屋上庭園や灯台のような照明付の搭屋を備え、遠くからも望め、街のランドマークとなった（図6）。

図6　井桁屋百貨店

文化的生活の夢を見せる井桁屋

東京や名古屋で呉服店が近代デパートメントストアに新規開店した影響を受けて、西尾において「井桁屋」呉服店が、1924年（大正13）に設計され、翌年9月に百貨店として開業した。呉服店から百貨店への脱皮は、従来の建物に比して床面積が増大して商品の種類を増やしただけでなく、2階の一部に呉服専用の座売りをしていた畳敷きの部屋を残しながら、1～3階には百貨店の「陳列場」と呼ばれた売場があり、三階に食堂と小児娯楽室を配置し、屋上には庭園や催事場が設けられた。スチール暖房・浄化槽、荷物エレベーターなどの設備も整備されていて、小規模ながら百貨店建築としての機能を十分に備えていたのであった。

　左右に婚礼衣装などを展示するショーウインドーを配した玄関を入ると、1階左隅奥に勘定場があり、地階の「下足置場」に玄関で

図7　井桁屋百貨店開店時の賑わい

図8　井桁屋百貨店開店時の店内

ぬいだ履物を預け、帰りの際に渡されて履くという売り方システムが採用されていた。屋上の塔屋は2階建てで、金属の階段によって昇る。1階の屋根部は周囲を見渡す展望台となっており、開店時の写真には階段などに鈴なりの客が見てとれる（図7）。人々は百貨店の屋上庭園・食堂・小児娯楽室といった施設を楽しんだ。

百貨店の建物は、そこに並べられた商品とともに、文化生活を空想しながら具体的な実態としてつかめそうな夢を見せたのである。建物は文化生活を演出する「都市空間」、展示場はその夢を売る場として提供されたのであった（図8）。

休日になると、多くの女性が西尾駅から中央通りを経て、西尾の市街地に集った。先の小雑誌には「途中ちょっと井桁屋に40分。呉服物の前に20分、玩具の売場の前に5分、そしてあれやこれやと素見に5分、階段の上下を徐行で進むために10分、帰り見るとベビーの手に金○銭のセルロイドの玩具1個」と書かれている。また、食堂で食べるライスカレーが珍しかったとの思い出話も古老から聞かれる。

吉田初三郎と南知多【南知多町】

文／井上善博

鉄道が主要な交通手段に

西は伊勢湾、東は三河湾に囲まれた知多半島は、古くから海に生活の糧を求める地域であった。沿岸での漁業はもちろんのこと、船で大海原に乗り出し、東は江戸や関東方面へ、西は大坂からさらに瀬戸内海沿岸まで出かけ、いわゆる帆かけ船（歴史用語では弁財船）でさまざまな荷物を輸送する廻船業が盛んであった。

江戸時代、現在の南知多町内海は尾州廻船の中心地で、船主たちによって戎講が組織されていた。その中でも有力な船主の一人が内田佐七家である。同家は明治20年代まで廻船業を続けたが、社会情勢の変化によって、その後は陸運業へ転換した。

1889年（明治22）、東京―神戸間に東海道線が全通したのを皮切りに日本各地に鉄道が伸びてゆき、1921年（大正10）に鉄道開通50年を迎える頃には、鉄路の総距離は1万kmを超えて主要路線のネットワークが形成されるに至った。

知多半島でも東側には武豊線が東海道線に先立って1886年に開通しており、また西海岸には名鉄の前身会社の一つである愛知電気鉄道によって、伝馬（現在の神宮前駅の約1km南側）―大野間が1912年に開業、さらに翌1913年には現・常滑線の神宮前―常滑間が全通した。こうして、知多半島においても鉄道が次第に主要な交通手段となっていった。

図1　1924年頃南知多での記念写真前列左から2人目が吉田初三郎、その右側が内田佐七翁（個人蔵）

南知多鳥瞰図の制作

大正初期から鳥瞰図画家として全国各地の鳥瞰図を描くようになっていた吉田初三郎（1884年京都生まれ）は、1923年（大

図 2-1　吉田初三郎作鳥瞰図「天下の絶勝南知多遊覧交通名所図絵」（1925 年）右側部分

正12）夏、名古屋鉄道の依頼で犬山方面を訪れた直後、9月1日の関東大震災で東京のアトリエを失なってしまったが、同社の援助で犬山の木曽川畔に新たな拠点、蘇江画室を設けて再出発することとなった。

ちょうどこの時期に新たな鳥瞰図作成を依頼したのが内田佐七翁（4代目）である。1918年より南知多一帯と、武豊線および常滑線の主要駅を乗合自動車で結ぶ知多自動車（設立当初の内海自動車を改称）の経営を手がけており、その宣伝をめざすものであった。

1924年、佐七翁は初三郎を南知多へ招き、初三郎はこれに応えて鳥瞰図制作の現地調査をおこなうとともに、佐七翁との記念写真を残している（図1）。

翌1925年、できあがった鳥瞰図は「天下の絶勝南知多遊覧交通名所図絵」と命名された（図2－1）。江戸時代の物見遊山の流れをくむ、いわゆる《行楽の旅》は明治・大正期は「廻遊」「遊覧」と称されていた。これが現在のように「観光」という表現で一般化していくのは昭和になってからのようである。当時はまだ遊覧の時代で、《南知多遊覧には知多自動車の乗合で》のコンセプトに沿って、シボレー型の自動車が縦横に行き交う様が描かれている。

横長画面の中央に内海を中心とした南知多を大きくデフォルメして描き（図2－2）、左端の彼方に名古屋の市街地を小さく、逆に半島の右側には篠島を大きく描く。さらに遙か遠方に目を向けると、左手奥には日本海を望み、右手奥には冠雪の富士山が高くそびえる。さらに、右手最上部遠方に目をこらせば、「ハワイ」「サンフランシスコ」の文字が目に飛び込んでくる。

図 2-2　内海付近の様子（1925 年）知多自動車の本社が置かれた。

現実には見えるはずもないのであるが、海の彼方にはそうした異国の地があることを明示することにより、見る者の心象風景をくすぐるのである。これらの地は明治以後、日本人の移民先となった土地でもあり、江戸時代の日本人とは明らかに違う世界地図を、近代の人々は心の中に描けるようになっていた。初三郎の描く鳥瞰図では、日本中どこにいても必ずといってよいほど富士山が登場し、周辺部には海の彼方の地名が記されて、それに気づいた人々をくすっと笑わせる。そんな楽しさを内包しているのである。

ポスターや名所絵葉書も

知多自動車はこの鳥瞰図とあわせて、同図を取り入れた海水浴の案内ポスターも初三郎に制作を依頼している。その後も初三郎には1928年（昭和3）に若い女性の巡礼姿を描く「東海第一の風光美南知多情緒ポスター」、1929年には鳥瞰図「知多半島新四国八十八ヶ所巡拝図絵」を依頼制作し、現在は知多四国と呼ばれている八十八ヶ所の札所めぐりを宣伝している。

初三郎は、犬山に新たな画室を構えるに当たって、社名を新たに「観光社」とし、当時はまだ一般的ではなかった「観光」を標榜する先駆者となった。

図 3　野間大御堂寺（源義朝公終焉の地）
吉田初三郎制作絵葉書「南知多景勝」（1937 年）から（以下同）

図4　礫浦の景観（内海）

初三郎は主宰するこの観光社で、1928年8月に刊行した広報誌「旅と名所」において、南知多から日本ラインへと題した初三郎の知己6人の詩人による旅行記を12ページにわたって特集した。同誌には知多自動車の1面広告も掲載され、記事そのものも、知多自動車提供の自動車で南知多各地を巡るというもので、今ならさしずめタイアップ企画とでも言うべきものである。

図5　天然記念物鵜の池（上野間）

初三郎は鳥瞰図やポスターだけでなく、南知多の名所旧跡を取り上げた絵葉書も手がけた。これも知多自動車の依頼によるもので、1937年「南知多景勝」と題した5枚組を発行した（図3〜7）。

題材として取り上げられたのは、「野間大御堂寺（源義朝公終焉の地）」「礫浦の景観（内海）」「天然記念物鵜の池（上野間）」「羽豆岬（師崎）」「帝の井（篠島）」の5カ所各1枚で、南知多一帯からバランスよく選んでいる。このうち大御堂寺は南知多では珍しい雪景色、羽豆岬は満月が煌々と輝く夜景で、情緒豊かな作品となっている。

包紙の内側には1937年（昭和12）当時の知多半島の交通案内図が記されるが（図8）、昭和になって新たに開業した鉄道路線が付け加えられている。これは、当初は知多線（1948年に名鉄河和線となる）と呼ばれた電車線で、常滑線の神宮前・太田川方面と東海岸側の半田・河和方面を直通で結ぶために計画された路線である。愛知電気鉄道の系列会社である知多鉄道によって、まず1931年に太田川—成岩間が部分開業し、その後、1935年（昭和10）に河和まで全通した。この路線は、名古屋方面から半島南部へ直通する新たな電車ルートとして、南知多

図7　帝の井（篠島）

図6　羽豆岬（師崎）

一帯へのアクセス向上に大きく寄与することとなった。

1936年をもって吉田初三郎は犬山の蘇江画室を閉じ、再び出身地の京都へ戻ったが、それまでの十数年、愛知県下に拠点を構えて全国の鳥瞰図や絵葉書など、さまざまな観光振興のための媒体を生み出した。南知多はその大いなる恩恵に浴した地域の一つと言えるのではないだろうか。

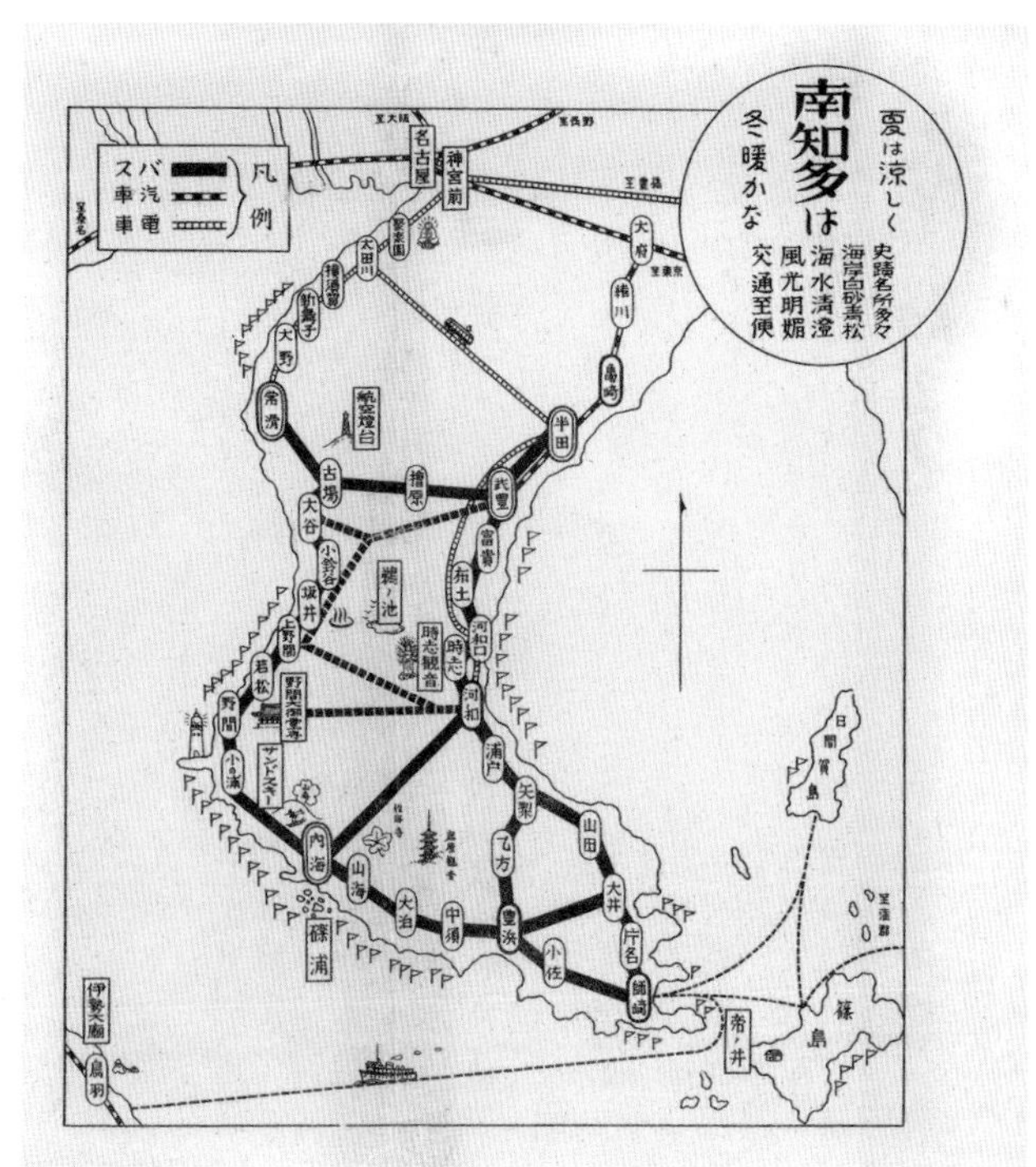

図8　絵葉書包紙内側の交通案内

聚楽園大仏の誕生【東海市】

文／守随亨延

名鉄名古屋駅から常滑線を特急に揺られること10分過ぎ、名古屋市と東海市の市境、天白川を越えた後に進行方向左手に大きな仏像が視界に入る。東海市指定の文化財である聚楽園（しゅうらくえん）の大仏だ。像高6丈2尺（18・79m）の阿弥陀如来坐像は1927年（昭和2）5月21日に建立されてからもうすぐ100年。すっかり地域に溶け込んでいるが、それ以前の風景は今とは随分異なるものだった。

実業家・山田才吉が開園した聚楽園

現在は工場が林立する知多半島北部は、かつて新田と遠浅の海が広がる風光明媚な土地だった。現在は東海市となっているこの地に、守口漬の考案や名古屋瓦斯（現東邦ガス）などを立ち上げた実業家・山田才吉は目を付けた。伊勢外宮にあった宇仁館の建物を移築して、1915年（大正4）に料理旅館「聚楽園」を開園したのだ。

料理人から身を起こした才吉は、東陽館（現在の名古屋市中区）、南陽館（同港区）といった巨大料亭を営んでいた。その彼が次に選んだ場所が、伊勢湾に面した上野村砂崎の高台だった。海の向こうに鈴鹿山脈を望み、旅館から山を下れば浜遊びができる海浜リゾートである。

海水プールや電気軌道延伸プランも

聚楽園という名前は元からの地名ではない。才吉による命名である。園内には四季折々に花々が咲き乱れ、趣向を変えた離れを点在させて来客をもてなした。海沿いを埋め立て聚楽園駅や旅館の付属施設を造成した。海水プールをつくる予定や、才吉自身が熱田伝馬町から南陽館前まで引いた熱田電気軌道を聚楽園まで延伸する計画もあった。その開園から12年後、才吉75歳の時に聚楽園大仏の開眼供養が執り行われ、現在の風景が生まれた。

市民の憩いの場として

時が流れて東海市の公園となった聚楽園は、今は全国的に見ても珍しい公園内に大仏が鎮座した場所となっている。多くの人が訪れ楽しむことができるようにと才吉が望んだ聚楽園と大仏は、形を変えて市民の憩いの場として地域に根づいている。

聚楽園旅館の全景と手前にヤカン池

聚楽園駅の南、知多郡加家より聚楽園大仏を望む

掛軸より山田才吉座像（久保田米洲筆）

開眼供養時と思われる聚楽園大仏の様子

95年前のタイル・ショールーム

杉江製陶所というタイムカプセル

【常滑市】

文・写真／加藤郁美

土管と鉄道

土管や焼酎瓶が積み重ねられた異貌の陶都として人気の常滑の風景は、1872年（明治5）に新橋〜横浜間に開業した日本初の鉄道によって誕生した。

常滑近代窯業の祖とされる鯉江伊三郎（方寿翁）が鉄道施設に必要とされた内径20㎝の土管の焼成に成功したことによって、平安時代から続く「六古窯」のひとつ常滑の窯業は、国土や都市の近代化を担う建築陶器の製造へと大きくシフトしたのである。明治の鉄道施設を可能にした土管、ケーブルを地下に通すための電纜管、関東大震災後のビルディングを飾ったスクラッチタイル、生活の質を向上させた衛生陶器……、常滑の窯業は常に近代化インフラ整備と共にあったのだ。

土管や焼酎瓶が積み上げられた常滑やきもの散歩道

杉江製陶所タイル見本室

土管と並ぶ常滑の製品、焼酎瓶を1885年に創製した杉江嘉左衛門が、伊奈製陶を追ってタイル量産へと転換したのが1923年（大正12）。その数年後に建てられたと目される杉江製陶所「タイル見本室」は、誰にも知られることなく広大な杉江家工場（戦後は砥石製造に転業）の事務棟として95年近く使用され続けていたが、2022年、タイル保存のクラウドファンディングによって一躍注目を集め、そして解体された。

タイル保存の有志が工場構内を調査したところ、明治時代の土管木型から昭和初期のタイル製造機器に至る、常滑近代窯業の変遷が工場内にそっくり現物で残されていることが判明。戦前の同業タイル業者や商社のカタログなどもきちんと保存されており、日本のタイル工業史に新しい光を投じる新史料群の出現となった。

95年前の見本室が事務所として使われていた

常滑でも色鮮やかな施釉美術タイルが製造されていたことが判明

タイル見本室外観

杉江製陶所の大屋根と煙突

結晶釉タイル試作品

次の百年へ

保存された杉江製陶所見本室タイルは常滑市内の授産施設ワークセンターかじまの前庭に、誰もが利用できるタイルテラスとして施工される。百年の時を超えて復活し、人々にタイルの魅力を伝える設備として生まれ変わることになった。

参考文献

『愛知県公報』第七百四十六号、1922年
『愛知県公報』第三百三十二号、1930年
『愛知県公報』第六百六十二号、1933年
愛知県史編さん委員会『愛知県史』通史編・近代2、2017年（第3章第2節〔真野素行〕）
浅井正明『中村公園—豊臣秀吉ゆかりの公園　百年の歴史を探る』名古屋市公園緑地協会、1985年
稲川勝二郎『歓楽の名古屋』趣味春秋社、1937年
江戸川乱歩・小酒井不木 著／中相作／本田正一監修・浜田雄介編『子不語の夢—江戸川乱歩小酒井不木往復書簡集』乱歩蔵びらき委員会、2004年
鏑木恵喜『戦前戦後社交（料飲）史』日本社交タイムズ社、1976年
木村吾郎『日本のホテル産業100年史』明石書店、2006年
日下三蔵編『怪奇探偵小説名作選　1（ちくま文庫）小酒井不木集』筑摩書房、2002年（「恋愛曲線」、「人工心臓」、「好色破邪顕正」所収）
久野治『中部日本の詩人たち 続々』中日出版社、2010年
熊谷奉文『大阪社交業界戦前史』大阪社交タイムス社、1981年
小酒井不木『小酒井不木探偵小説全集』第5巻、本の友社、1992年（「疑問の黒枠」、「大雷雨夜の殺人」所収）
小酒井不木著／阿部崇編『小酒井不木探偵小説選2（論創ミステリ叢書109）』論創社、2017年（「通夜の人々」、「ふたりの犯人」、「好色破邪顕正」、「名古屋スケッチ」所収）
小松史生子『乱歩と名古屋—地方都市モダニズムと探偵小説原風景（東海風の道文庫2）』風媒社、2007年
櫻岡威『名古屋の運動場・遊園地・ゴルフ場等』、公園緑地協会編「公園緑地」1－5、1937年
GSK銀座社交料飲協会『銀座社交料飲協会八十年史』2005年
島洋之介編著『百萬・名古屋　復刻版』『百萬・名古屋』復刻実行委員会、2012年
甚目寺町史編纂委員会編『甚目寺町史』1975年
下郷市造『ホテルの想い出』大阪ホテル事務所、1942年（復刻『社史で見る日本経済史 第92巻』ゆまに書房、2017年）
白木信平『シナ忠百年の歩み』私家版、1970年
新修名古屋市史編集委員会『新修名古屋市史』資料編・近代2、2009年（第1編第1章・第2編第1章〔真野素行〕）
新編岡崎市史編さん委員会『新編岡崎市史』近代4、1991年
中日出版社編集局『中村区（名古屋市政叢書）』中日出版社、1962年
辻田真佐憲『愛国とレコード　幻の大名古屋軍歌とアサヒ蓄音器商会』えにし書房、2014年
TK生（狩野力）『遊園地見たまま聞いたまま（其の四）』「都市創作」3－2、1927年
東海遊里史研究会『東海遊里史研究』1、土星舎、2022年
常滑市誌編さん委員会編『常滑市誌』1976年
長山靖生『モダニズム・ミステリの時代—探偵小説が新感覚だった頃』河出書房新社、2019年
『名古屋案内：附・郊外近県名勝案内』名古屋ガイド社、1934年
『名古屋市会史』第三巻、第四巻、名古屋市会事務局、1941年
『名古屋市公会堂』1933年
名古屋市『名古屋市統計書』1937年
名古屋市計画局／名古屋都市センター『名古屋都市計画史（大正8年～昭和44年）』1999年
名古屋市建設局『名古屋都市計画史』上巻、1957年
名古屋市鶴舞公園動物園『名古屋市鶴舞公園附属動物園要覧』1928年
名古屋市鶴舞中央図書館編『名古屋市史資料写真集』1971年
『名古屋俘虜収容所業務報告書』1920年
『新美南吉全集』第十一巻、大日本図書、1981年
『日本金液株式会社　創業100周年記念誌』
馬場伸彦『周縁のモダニズム』人間社、1997年
平井隆太郎／中島河太郎責任編集『江戸川乱歩推理文庫60（うつし世は夢）』講談社、1987年
平野豊二『大須大福帳』双輪会、1980年
松坂屋百年史編集委員会『松坂屋百年史』2010年
真野素行「日露戦後名古屋における産業都市構想の形成　名古屋経済会の懸賞論文『名古屋市是』を中心に」（『中部における福沢桃介の事業とその時代』愛知東邦大学地域創造研究所叢書№18、唯学書房、2012年）
真野素行「戦間期の名古屋における都市構想と岡崎早太郎　先行的市域拡張による都市計画の源流」（『歴史の理論と教育』第150・151合併号、2018年12月）
溝口常俊『明治・大正・昭和　名古屋地図さんぽ』風媒社、2015年
校條善夫「『名古屋俘虜収容所』覚書」（『「青島戦ドイツ兵俘虜収容所」研究』創刊号、2003年）
校條善夫「名古屋で公開の音楽会があった」（『「青島戦ドイツ兵俘虜収容所」研究』第11号、2014年）
森靖雄『戦時下の一宮—くらしと空襲』人間社、2021年
吉田初三郎『名古屋市鳥瞰図』汎太平洋平和博覧会、1936年
歴史民俗学研究会編『雑学の冒険』「歴史民俗学10号別冊特集号」批評社、1998年

＊

「都市創作」1930年1・2月号、都市創作会

＊

CD『大名古屋ジャズ』ぐらもくらぶ、2012年
名古屋商工会議所のあゆみ　https://history.nagoya-cci.or.jp/
Die Verteidiger von Tsingtau und ihre Gefangenschaft in Japan (1914 bis 1920): Historisch-biographisches Projekt von Hans-Joachim Schmidt (seit 2002) http://www.tsingtau.info

名古屋港（絵葉書）伊藤正博氏蔵

おわりに

本書『愛知の大正・戦前昭和を歩く』で、江戸、明治、昭和30年代と続いた時代別の名古屋・愛知の町歩きシリーズが完結となる。

町を歩いて郷土の歴史を知る、という知的さんぽを楽しんでいただけたのでは、と思う。

全4冊での執筆者は延べ71人にのぼり、各自が得意の関心事から郷土を語ってくださっている。その見方は多岐にわたっているので、一見雑然とした感があるのは否めないが、特定の個人が、その人の史観にもとづいて語る郷土史とは異なった魅力が生み出されている。編者として編集中に、この場所にこんな世界があったのかと何度も感心させられた。

完結編の〆として、執筆者の方々にお礼申し上げるとともに、こうした企画を提案され、郷土の語り部を多数発掘され執筆依頼をしてくださった風媒社の林桂吾氏に感謝します。

［著者紹介］（50音順）

青木公彦（あおき・きみひこ）公園史研究
朝井佐智子（あさい・さちこ）愛知淑徳大学非常勤講師
浅野伸一（あさの・しんいち）中部産業遺産研究会副会長
井上善博（いのうえ・よしひろ）名古屋市蓬左文庫調査研究員
岩瀬彰利（いわせ・あきとし）豊橋市図書館主幹学芸員（副館長）
加藤郁美（かとう・いくみ）編集者／月兎社主宰
加藤晴美（かとう・はるみ）関西学院大学大学社会学研究科博士課程
菊池満雄（きくち・みつお）J.フロントリテイリング史料館フェロー
木下信三（きのした・しんぞう）名古屋近代文学史研究
小林貞弘（こばやし・さだひろ）愛知東邦大学地域創造研究所研究員
近藤 順（こんどう・じゅん）自然誌古典文庫主宰
近藤 博（こんどう・ひろし）あま市美和歴史民俗資料館館長
七條めぐみ（しちじょう・めぐみ）愛知県立芸術大学講師
嶋村 博（しまむら・ひろし）岡崎地方史研究会会長
守隨亨延（しゅずい・ゆきのぶ）地球の歩き方記者／聚楽園大仏を次の世代に伝える会代表
園田俊介（そのだ・しゅんすけ）京都産業大学教授
高木聖史（たかぎ・さとし）名古屋市鶴舞中央図書館司書
辻 志保（つじ・しほ）枝下用水資料室
富屋 均（とみや・ひとし）公園史・温室史研究家
野嵜晃佑（のざき・こうすけ）東海遊里史研究会
畠野佳司（はたの・けいじ）東海遊里史研究会
保利 透（ほり・とおる）ぐらもくらぶ代表
松井直樹（まつい・なおき）元西尾市岩瀬文庫長
松浦國弘（まつうら・くにひろ）地域社会史研究
松永直幸（まつなが・なおゆき）鉄道史学会会員
真野素行（まの・もとゆき）名古屋市市政資料館調査協力員
森 靖雄（もり・やすお）愛知東邦大学地域創造研究所顧問
吉田達矢（よしだ・たつや）名古屋学院大学准教授

［編著者紹介］
溝口常俊（みぞぐち・つねとし）
1948年、名古屋市生まれ。1979年、名古屋大学大学院文学研究科博士課程単位取得退学。現在、名古屋大学名誉教授。専門は歴史地理学、地域環境史、南アジア地域論。博士（文学）
主な著書・論文に『日本近世・近代の畑作地域史研究』（名古屋大学出版会）、『歴史と環境―歴史地理学の可能性を探る』（編著、花書院）、『古地図で楽しむなごや今昔』（編著）、『明治・大正・昭和　名古屋地図さんぽ』（監修）、『古地図で楽しむ尾張』（編著）、『名古屋の江戸を歩く』（編著）、『名古屋の明治を歩く』（編著）、『名古屋ご近所さんぽ』（編著、以上 風媒社）などがある。

装幀／三矢千穂

＊カバー図版／表：（名古屋名所）御幸本町通（絵葉書）伊藤正博氏蔵
　　　　　　　裏：名古屋汎太平洋平和博覧会（絵葉書）伊藤正博氏蔵

愛知の大正・戦前昭和を歩く

2023年2月15日　第1刷発行　（定価はカバーに表示してあります）

編著者　溝口 常俊

発行者　山口 章

発行所　名古屋市中区大須1丁目16番29号
電話 052-218-7808　FAX052-218-7709
http://www.fubaisha.com/
風媒社

乱丁・落丁本はお取り替えいたします。　＊印刷・製本／シナノパブリッシングプレス
ISBN978-4-8331-4308-0